U0275110

BUILDING A PERSONAL
BRAND

新时代
〈职场〉
新技能

打造个人品牌

从方法到实操

陆林叶 —— 著

清华大学出版社
北京

内 容 简 介

这是一本打造个人品牌的图书，本书系统阐述了打造个人品牌的理念、思维和方法论，书中运用大量自我实践的经验和案例，解读打造个人品牌的每一个重要环节。

本书适合那些想打造个人品牌、提升个人影响力的读者，尤其是职场转型人士、自由职业者、新媒体从业人员、创业者、培训师等阅读，实现个人财富与影响力的整体跃迁。

图书在版编目（CIP）数据

打造个人品牌：从方法到实操 / 陆林叶著 . —北京：清华大学出版社，2023.5
（新时代·职场新技能）

ISBN 978-7-302-62754-8

Ⅰ.①打…　Ⅱ.①陆…　Ⅲ.①品牌—企业管理　Ⅳ.① F273.2

中国国家版本馆 CIP 数据核字 (2023) 第 041401 号

责任编辑：刘　洋
封面设计：徐　超
版式设计：方加青
责任校对：王荣静
责任印制：杨　艳

出版发行：清华大学出版社
　　　　网　　　址：http://www.tup.com.cn，http://www.wqbook.com
　　　　地　　　址：北京清华大学学研大厦 A 座　　　邮　　编：100084
　　　　社 总 机：010-83470000　　　　　　　　　邮　　购：010-62786544
　　　　投稿与读者服务：010-62776969，c-service@tup.tsinghua.edu.cn
　　　　质 量 反 馈：010-62772015，zhiliang@tup.tsinghua.edu.cn
印 装 者：三河市春园印刷有限公司
经　　销：全国新华书店
开　　本：148mm×210mm　　印　　张：7.125　　字　　数：146 千字
版　　次：2023 年 7 月第 1 版　　印　　次：2023 年 7 月第 1 次印刷
定　　价：68.00 元

产品编号：098600-01

2017 年 9 月 1 日，我正式离开从事了 3 年的线上英语培训行业，当时我就在思考：未来是否有机会找到一种轻创业方式，不用线下租场地，在家就能办公。

这个想法由来已久，2014 年我做线上英语培训时，就是这样的办公方式，后来我从机构离职，走上了轻创业之路，因为生源供给的问题，自己也没有打通渠道，这条路走得不是特别顺畅。

直到 2017 年知识付费兴起，我又仿佛看到了希望，冥冥中感觉可以通过打造个人品牌，构建个人影响力，把这条路走通。

之后看到有些自媒体人通过尝试打开了局面，我就更加认定，只要找到一个切入口，我也能把这条路径打通，实现当初在家创业的想法。

这个世界真是奇妙，只要你敢想，敢付诸行动，它就会给你直接的回馈。

仅仅 3 年过去，到 2020 年，我就已经把这条路走通并且走稳了。那一年我 30 岁，大学毕业正好 7 年，也实现了人生中收入的第一个 100 万元。这是我的一个新起点，也给了我强大的信心，让我得以实现新的人生活法。

但一路走过来，并不是那么容易。

2017 年刚进入知识付费行业时，我只有一个付费的写作专栏，每月的收入也不固定，少的时候一个月只能挣几千元。后来的一年时间，我一直处在摸索期，那时我做了三个细分领域：时间管理、新媒体写作和个人品牌。

因为做得太多，所以每一个细分领域我都没有做好，没有成就感，非常焦虑、失落，甚至对未来充满迷茫。我不知道自己能否把这条路走通，创造出自己的一方天地。

2018年12月20日，凌晨1:30，我在听的一位分享者的话，一下击中我的内心深处，当时我的眼泪夺眶而出，久久不能平静。

这次直抵内心的反省，让我找到了改变的方向，后面我取得的很多成绩，都跟这一次的觉醒有关。

从那一夜开始，我正式走上了打造个人品牌这条路。

2019年初，我开始打磨付费课程，做了两门线上的口碑课程，一门是基础写作课，另外一门是新媒体写作系列课。

2019年11月底，筹备完线下课之后，我开始写我的第一本书《终身写作》，历时4个多月完成了初稿，2021年6月正式出版，并成为一本写作类畅销书。

2020年3月，我开启了平台线上合伙人模式，历时5个月做到拥有近万名付费用户。这让我坚定了在这条路上一直走下去的想法。

2020年8月，我开启平台高端个人品牌咨询产品，这个产品让我实现了百万元营收。之后升级为个人品牌1对1私教课程。

2020年12月，我决定创作《长期主义》这本书，历时4个月完成了书的写作。这本书的思想深度影响了平台很多学员。

2020年12月，我们举行了平台第一届线下年会，办了第一次线下文案商业大课。之后的一年多时间里，这门口碑线下大课从1.0升级到了5.0，为后来做线下打下了非常好的基础。

现在我已经构建了自己的核心团队，教育培训成为我终身经营的事业。这本书是我的第三本书，持续走在做深度内容、出版优质图书作品的道路上，也大大提升了我的个人影响力。

一路走来，我深感做成一份事业不易。从第一份工作月薪只有 2000 元，到现在我成立了自己的公司，搭建平台，做出个人影响力，这一系列的改变都来自我持续打造个人品牌的努力。

正因为我自己走通了这个路径，找到了新的活法，重新定义了自己，我也希望能有更多人通过打造个人品牌活出更有价值、更有意义的人生。

打造个人品牌不仅是一种轻创业方式，也是时代的趋势，更是人生的修行。

接下来，我将从三个维度分享这 5 年我在打造个人品牌实践中的一些收获。

1. 打造个人品牌带给我信心和方向

大学毕业后，我就在昆明的一个工地上决定了自己这辈子要做教育培训。工作半年后，我辞职来到上海，开始探寻在这个领域的出路。

后来赶上了自媒体发展，我有了打造个人品牌的想法，于是开始坚持写公众号，输出优质内容，让更多人能够关注我，了解我。

做自媒体打开了我与外界连接的窗口，几十篇爆款文也增强了我做这件事的信心。

之后我又定位到写作细分领域，打磨课程、做训练营、做线下大课、写书等，让我逐渐沉下心深耕一个细分领域。最重要的是，这让我更加明确了自己的方向，坚定了信心，从而乐此不疲地做这个行业，也因此做出了自己的成绩和影响力。

做任何事情，哪怕基础再弱，只要有信心和方向，就能形成长期的积累。一路走来，我通过打造个人品牌，不断夯实信心，持续升级生命的版本，也成为更卓越的自己。

2. 打造个人品牌让我深度修炼自己

不少人问我：做知识付费最重要的是什么？

做知识付费最重要的是做内容，特别是做深度内容，这是我始终不变的答案。

持续做深度内容，让我养成深度思考的习惯。要持续输出内容，就必须大量输入，持续践行，深度思考，这样才能保证持续创作更为优质的内容。

我做事有一个核心理念，就是：坚持长期做难而正确的事。

因为只有这样做，才能深度修炼自己；有了深度修炼，才能长期输出有深度且有价值的内容，才能获得用户的长期深度认可。

打造个人品牌是一次人生修行，修行就要勇猛精进，持续超越自我，就要长期坚持做难而正确的事，这样人生之路才会越走越宽。

3. 打造个人品牌带给我持续的影响力

刚进入自媒体时，我还不知道什么叫影响力，总感觉自己离影响力很远。

直到后来我的《终身写作》出版，很多读者看了这本书后，也致力于成为终身写作践行者，这让我一下感受到了个人影响力的作用。

所谓个人影响力，就是你的行为，能直接影响到别人，让他人也因此变得更好。

2019年，我搭建了写作三六五平台，做出了爆款写作训练营，影响了几千名学员跟随我们深度践行写作，开启终身写作之旅。同时，我们还培养了上百位优秀写作点评导师和几十位优秀社群运营官。

2020年8月，我们开启了个人品牌私教服务，至今已经帮助近百位学员从0到1打造个人品牌，开启个人品牌商业变现之路，实现了新的人生活法进阶。

自从出版了第一本书之后，我还陆续带领身边的学员，写自己的代表作品，传递思想、价值观和方法论，同时让更多人开始了解自己，关注自己和信任自己。

打造个人品牌，是一条自利利他、自觉觉他之路，不仅要持续精进自己，优化自己，同时还要帮助靠近你的人变得更好。

我很感谢这个时代，让像我们这样的普通人，也能拥有通过打造个人品牌改变人生的机会；也感谢一路支持和信任我的学员、朋友和家人，让我能够把个人品牌事业越做越好。

第二章 品牌定位：
找到属于你的高价值定位

第三章 产品规划：
规划产品体系，进阶品牌势能

第五章 商业变现：
打造商业闭环，构建个人品牌护城河

第七章 实操案例：
从0到1打造个人品牌

后记

致谢

附录

打造个人品牌：从方法到实操

第 一 章　品牌认知：
人人都能打造个人品牌

1.1 为什么要打造个人品牌

随着微信推出公众号，它的口号也被很多人熟知：再小的个体，也有自己的品牌。一股打造个人品牌的热潮随之涌起，成千上万的人通过做自媒体，打造个人品牌，获得了财富的进阶与人生的突破。

我就是时代的受益者之一，因为做自媒体，我从一名机构的英语培训师，成为一名个人品牌专家，也因此找到了自己的事业方向，搭建了写作平台，既获得了财富升级，又实现了人生跃迁。

如果你要问我为什么要打造个人品牌，我想我自己的经历，就是最好的注脚。而且，我身边有不少人，都通过这条路做出了自己的影响力，也因此改变了人生轨迹。

现在，我不仅自己在打造个人品牌，还在帮助一群人打造他们的个人品牌，并乐此不疲。

从 2017 年到现在，我在打造个人品牌上积累了一定量的实战经验，我认为以下四个原因决定了我们为什么要做个人品牌。

◉ 打造个人品牌是这个时代的趋势

随着自媒体的基础硬件设施越来越好，打造个人品牌已然成为这个时代的趋势，越来越多的人，开始踏上这条路。

无论是做微信公众号、头条号，还是做抖音、快手、小红书，打造个人品牌都成为热门话题，也给很多人提供了改变的机会。

现在很多年轻人通过做自媒体意识到，打造个人品牌提供了另外一种人生可能。我身边有几个小伙伴，20 岁出头就通过做自媒体，实现了百万元营收。

这种事放在 10 年前特别少，10 年前我还在上大学，那时候我是通过出去讲课、做销售赚钱，粉丝这个概念，跟我们这些普通人是没有任何关系的。

科学技术的发展让打造个人品牌成为可能。时代给了普通人机会，人人都有机会打造个人品牌，人人都能打造个人品牌。我们要紧跟时代，与趋势同行。

◎ 打造个人品牌能提升职场竞争力

2015 年，我在环球雅思教英语口语和写作，一开始上班有点不大适应，每天都要花大量的时间在通勤上，上下班还要打卡。

当时我就想成为一名自由职业者，这样的长期思考，促成了我后来的转型。

在环球雅思工作期间，我发现自己做的事情跟其他老师没有太大区别，只是教的科目不同，时间长了会发现，也不需要在课件上做太多迭代，很快就遇上了职业发展的瓶颈期。

后来我看到一些人通过经营自媒体积累了很多粉丝，就意识到，这是一个机会。

进入自媒体后，我看到有不少在职场打拼的人也都在寻求转型机会，才真正认识到，当初自己的判断是正确的。因为我就是在找职场差异化优势，以提升自己的职场竞争力。

再之后，我通过做自媒体，打造个人品牌，脱离了原来的小圈子，跟外部更多人建立了链接，打开了视野，增长了见识，也提升了个人影响力，获得了不少重要的机会。

职场上的诸多问题，归根到底，就是职场影响力不足。

◎ 打造个人品牌是一种轻创业方式

我上大学时就思考，如果未来自己从事英语培训，做一名英语老师，那么我的长期目标，应该跟我的英语启蒙老师一样，在外面开一家英语培训机构，再进行持续招生。

以前的创业基本都是这种形式，需要投入资金，租场地，招聘人，拓展业务，属于传统的重创业形式。这种重创业的形式，除了投资比较大，还面临管理、销售、产品研发等难题。对于刚大学毕业不久的普通人来说，基本很难。

而打造个人品牌，开启轻创业这种形式，就非常适合我这样的普通人。寻找定位，提升影响力积累基础用户，再开发产品做业务赚钱，到了一定阶段再租场地建设团队，这种形式前期投资少，几乎是零成本，后期通过做产品可以直接变现，再持续积累影响力，到了一定阶段就可以找线下办公地点。我就是这么开启轻创业的。我通过打造个人品牌，找到了自己的定位，之后研发课程产品和社群产品，再通过做产品口碑和强化个人影响力，打通了个人品牌轻创业的商业路径，在短短3年多时间里实现了年入百万。

打造个人品牌这种轻创业方式，对于大部分普通人来说，是改变命运轨迹的重要方式。

◎ 打造个人品牌能积累终身影响力

有人问我：你为什么要长期坚持打造个人品牌？

"长期传递思想和价值，积累终身影响力。"这就是我对长期坚持打造个人品牌的认识。

这个时代，很少有一件事能够积累终身影响力，但打造个人品牌可以。

我是在前几年才开始真正意识到这一点的。我发现，打造个人品牌时间长了之后，个人影响力会逐渐增强，而且呈现复利累积的状态。

如果你认认真真、扎扎实实地做这件事，你会发现，你的一生都是在做累积，这就是在积累终身影响力。

在个人影响力没做起来之前，我做很多事，包括链接一些重要的人，都非常困难。后来有了一定的影响力，链接资源就变得容易了很多。

我是打造个人品牌的受益者，也是深度践行者。它不仅让我积累了个人影响力，让我的一个人品牌越来越值钱，同时还让我在互联网上有了更多话语权。

感谢时代给予像我这样的普通人改变命运的机会。最后，我想跟你说，不要错过时代给予你的机会，如果你也想打造个人品牌，如果你也想积累个人影响力，那就从现在开始，让我们一起开启打造个人品牌之路吧。

1.2　关于打造个人品牌的三个建议

我遇到过一位学员，她是个非常努力的人，在某个短视频平台做自媒体，在做到拥有几十万粉丝之前，她摸索了近 1 年时间寻找适合自己的赛道和风格。

幸运的是，她找对了平台，也找到了自身的差异化优势，正好赶上平台的红利期，一年多点儿的时间就做到了几十万粉丝，也因此正式走上了个人品牌之路。

很多新手没有她这样的商业天赋与运气，最终的结果往往不是特别如意，一时也很难找到属于自己的路，在这里，我给大家提三个建议，帮你正确开启打造个人品牌之路，每一个建议都货真价实。

◎　破除心理障碍，人人都能打造个人品牌

首先，我们要突破一个心理障碍，就是认为自己不行，不能打造个人品牌。要换一个信念系统，告诉自己：人人都能打造个人品牌，我也一定可以。

这样你的个人品牌之路才能持续进阶。

有一次我指导一位学员做产品发售，她是第一次发售付费产品，连续问了我好几个问题。其实，我知道这些问题她不是不知道答案，而是出于恐惧心理，害怕万一产品推出去反响不好，她害怕的是没有人报名的后果。

于是，我顺着她的提问，逐一解决完她的问题后，再次确定地跟她说："去做吧，我相信你，没有问题的。"这些都结束后，她变得信心满满起来。但我清楚，后期执行的过程中，她仍然会遇到间歇性的恐惧。这些都是她需要突破的。

我还指导过一位学员，他一直想做一名知识类主播，却因为内心的恐惧，迟迟不敢直播。我私下催了他若干次，他都一直找各种借口推迟，最后我实在没办法了，便直接强行逼迫他三天之后一定要开播。

他的首场直播连续播了两个小时，直播间反响也很不错，他的语言风趣幽默，赢得了不少观众的喜爱。

后来他复盘说，直播也没有那么可怕，开播后半小时整个人就放松下来了，当克服了心理的障碍，直播这件事就变得简单了。

很多人之所以一直不敢打造个人品牌，就是因为各种各样的恐惧，既担心这个，又担心那个，原本可以做出很好的成绩，结果因为各种担心停滞不前，最后导致自己后悔不已。

要想把个人品牌打造好，就要克服内心的重重障碍，当你克服了这些障碍，在个人品牌打造之路上就已经前进了一大步。

◎ 找准定位，构建自己的商业闭环

打造个人品牌，第一步就是要找准定位，关于定位我会在第二章重点进行阐述。

精准定位，对于构建整个商业闭环是至关重要的。

那到底什么才是商业闭环？

商业闭环，简单来说，就是围绕客户的消费需求，能够提供服务客户的一系列产品，从而构成的商业模式。

在打造个人品牌上，就是你要有前端、中端，乃至高端的产品矩阵，能够满足用户不断进阶的需求。

我在指导学员打造个人品牌时，就会考虑到学员的产品矩阵，帮助他们构建自己的商业闭环。从整个商业闭环，让学员看清楚自己所处的阶段，每个阶段要做好的产品，让学员知道究竟应该怎么做。

很多新手在打造个人品牌时，在构建商业闭环上做得不是特别好。他们认为打造个人品牌就是做几个产品变现，不太会考虑产品之间的关联性，以及产品在整个商业闭环中的位置。

新手与高手的差别就在于，新手关注的是变现本身，而高手关注的是设计的产品在整个商业闭环中的影响。

我在刚开始打造自己的个人品牌时，也是只考虑做产品变现，导致当时虽然做了不少产品，但产品之间的依存关系很弱。现在回过头再看当初的产品设置，深深感到那时自己的商业认知水平很低，我也因此走了不少弯路。

在打造个人品牌这条路上，少走弯路就是最快的路。而找准定位，构建好商业闭环，就是少走弯路。

◎ 掌握打造个人品牌背后的底层逻辑

我一直都认为，只有认识到做一件事情的本质，才能取得重大突破。如果理解得很浅，即使学了很多的知识，也很难真正到达一个高度。

我很喜欢一句话：没有经过深刻理解的事业，赚的都是辛苦钱。

每一个致力于打造个人品牌的人，都要掌握其背后的底层逻辑，才能把个人品牌事业做得更加出色。

打造个人品牌背后的底层逻辑，我总结为三个关键点。

打造个人品牌就是定义你自己

打造个人品牌是需要定义的，不定义它，就很难做好它。

我曾经这样定义自己：

我是一个终身写作、终身修行的人，

我是一个长期主义深度践行者，

我是一个每年都要出版一本书的商业 IP，

我是一个长期吃素、不饮酒的人，

我是一个每天要输出 2000 字以上的人，

我是一个每天要打坐禅修、深度思考的人，

我是一个持续做高价产品、持续超越自我的人，

我是一个做平台持续深度影响他人的人，

······

你怎么定义自己，就会成为什么样的自己，如果你从来不定义自己，那就很难真正做出理想的自己。

我奉行的做事原则是：取法乎上。用我的话来说，就是：站在更高层面定义自己。

正因为此，我才能把个人品牌这件事做得足够好。

打造个人品牌就是定义你自己，只有站在更高层面定义你自己，才能打开你的内在空间，把个人品牌越做越好。

打造个人品牌就是成为你自己

有一次我去广州给一位学员做的"创业营"项目做了一天的个人商业 IP 密训分享，当时我就讲了一个观点：每个人都是独一无二的个体，你要认识自己，找到自己，并且成为自己。只有成为你自己，你才能真正打造出自己的个人品牌。

我们很多时候都被教育要成为别人，唯独没有认识自己，找到自己，成为自己。

我在个人品牌打造的过程中，曾经走过一段复制和模仿之路，后来发现：复制和模仿永远无法超越别人，更永远无法超越自己。

有了这个深刻领悟之后，我开始寻找自己的特色，重新定义自己，最终找到了自己的超级思想：终身写作，终身修行，长期主义。

后来，我把这三个核心理念都写成了书，做超级思想的长期传播，现在我成了我自己，也做出了自己独一无二的特色。

打造个人品牌就是成为你自己，你不需要成为别人，只需要成为自己就好，因为别人都有人做了，而你要活出自己的人生版本。

打造个人品牌就是一场人生修行

这几年，我谈得最多的话题就是"修行"，就是因为我深深感到修行的众多益处。

打造个人品牌，就像稻盛和夫说的，就是：提升心性，磨炼灵魂。

这就是在修行层面打磨自己，就是在教你做生命修行。

什么是修行？

我以为，修行就是修炼你的内心，提升你的心性，磨炼你的心智，修正你的行为。

修行使我的内在发生了巨大的改变，生命一次又一次觉醒，所以我才有了几次大的改变。

生命真正的改变，一定来自起心动念，起心动念没有改变，外在不可能发生任何改变。

打造个人品牌时，很多人的关注点一直在赚钱和变现上，他们没有改变自己的内在观念，导致外在的显性结果就没有多大改变。

如果每个人都能深刻理解这一点，那你所有的修行和付出，都会回流到你身上，成为你前行路上永久的驱动力。

如果你刚开始打造个人品牌，以上三个建议，认真阅读和理解，可以帮你更好打造个人品牌，少走很多弯路。

1.3 提升个人品牌影响力的三项核心能力

这几年，我在个人品牌培训的路上，遇到过不少细分领域的专家，他们认为只要多做一些有影响力的事件，就可以提升个人品牌影响力。然而，事实并非如此。

原因在于，很多人只关注到了表面的知名度，却忽略了个人品牌背后的底层能力，如果没有这些核心的基础能力，打造个人品牌就会遭受重重阻碍。

看一个人是否真的厉害，个人品牌是否做得够好，我会关注他的底层能力，也就是他的基本功。一个基本功不牢的人，是很难做出特别有影响力的个人品牌的。

这些年，我见到不少开始做得挺好的 IP，抓住了一些红利，做出了一定的知名度，也赚到了一些钱，后来都因为底层能力不扎实又回到了起点。

要提升个人品牌影响力，我认为需要具备以下三项核心能力，如果你能长期夯实这三项能力，相信你的个人品牌之路会越来越顺畅。

◎ 输出能力：写作和讲课是两个秘密武器

以前就有学生问我：打造个人品牌如果只学习两个能力，最应该学习什么？

"写作和讲课能力。"我脱口而出。

因为这两个能力既是打造个人品牌的基础能力，又是放大个人品牌影响力的核心能力。

写作能力

我之前做写作培训，带过成千上万的学员，真正重视并能长期运用好这项能力的人，并不是很多。

为什么很多人没有用好这项能力呢？我观察发现是因为很多人的写作基本功不扎实，导致写公众号文章、写文案等无法充分发挥力量，也就实现不了财富数量与影响力的提升。

我是写作能力实实在在的受益者，依靠这项能力我不仅做出了爆款课程，出版了自己的书，还写出了不少有影响力的文章。写作对我来说是自我修行，同时也是我放大个人品牌影响力的秘密武器。

《终身写作》这本书是对我6年多的写作思维体系与方法论精华的总结，涵盖了我的写作心得、系统方法论、实战经验等，实操性强。如果你想学会这门放大个人影响力的武器，可以认真阅读和实践这本书里的内容。

讲课能力

我从大学就开始训练自己的演讲能力，那时，我很享受站在舞台上的高光时刻。大学前三年，我参加了几十场中英文演讲比赛，拿到不少奖项，同时我还出去讲课。

这让我之后做教育培训比一般人更为轻松，讲课能力赋予了我独特的舞台魅力。

后来，我深度学习和践行写作，包括写书，这让我更加稳重，讲课风格也变得更有深度和内涵，搭配以前演讲的激情和状态，我的讲课能力得以更上一层楼。

再后来，学习如何设计和讲好一堂课，让我明白了怎样把课程讲得更实用、更精彩，直到现在我依然非常受益。

讲课能力让我原本的个人影响力，不仅可以通过文字进行传播，还可以通过视频直播乃至线下课程等做传播，也是我个人品牌进阶的秘密武器。

这个时代，要想打造好个人品牌，就要靠内容输出能力，而这个能力涵盖的就是写作和讲课能力，这也是每一个超级IP的秘密武器。

〇 传播能力：借助工具放大个人品牌影响力

上课时我非常强调传播能力的重要性，好的内容没有好的传播，内容本身价值就会缩减。相反，好的内容加上好的传播，内容本身的价值可以放大百倍千倍。

我见过一些写作者辛辛苦苦写作，甚至日更公众号，因为不会做传播最终连自己都养不活。而有一些写作者，不仅可以输出内容，还非常懂传播，靠写作做到了年入百万甚至千万元。

自从我进入自媒体行业，就非常重视传播，因为我很清楚传播力就是影响力，影响力就是变现力。

要打造个人品牌，应该如何修炼传播能力呢？有以下四种重要的方式。

经营好自媒体

自媒体平台有很多，比如微信、抖音、头条、小红书、微博、知乎等，如果你是经营私域流量的人，一定要重视微信生态的自媒体，也就是公众号和视频号。

自媒体可以第一时间触达用户。前几年微信公众号比较热门，我几乎每天都写公众号文章做内容传播，以便让用户随时掌握我的动态和进展。

之后，微信平台推出了视频号，我又做了短视频和直播，通过视频号做内容传播。我的很多读者和学员就是通过视频号再一次关注了我进而购买了我的付费知识产品。

通过经营自媒体，我训练了自己的传播能力，并以此倒逼自己输出好的内容，给用户传递价值，构建了持续的信任影响力。

经营好朋友圈

微信朋友圈是个人私域流量的第一道关口，现在打造个人品牌的人都越来越重视朋友圈的经营了，因为朋友圈最能反映一个人的整体生命状态。

在公众号时代，爆款文都是通过朋友圈发酵，产生特别强的内容裂变。在短视频时代，依然有不少爆款短视频，通过朋友圈产生内容裂变。

自媒体是触达用户第一层，那朋友圈就是第二层。我非常重视团队的朋友圈经营，还为此特别开设了线上的文案实战训练营，以及线下三天两夜的文案商业系统大课。

正因为此，我们平台的学员都特别重视经营自己的朋友圈，通过朋友圈来做宣传和营销。

我们现在做的一些事件活动，通过朋友圈的宣传，都获得了非常好的效果。有很多学员帮助我们做宣传，大大提升了事件本身的影响力。

运营好核心用户群

打造个人品牌的人，基本都有自己的核心用户群，但并不是每个人都重视核心用户群的传播。

如果自媒体是触达用户的第一层，朋友圈是第二层，那么核心用户群就是第三层了。这一层的触达和传播非常重要。

我们做的特别重要的活动，都会首先通知核心用户，引起他们的重视，进而感召他们一起参与进来做活动的传播扩散。

如果你拥有自己的核心用户社群，一定要特别重视深度服务和团结这些人。他们能成为你的核心用户，对你的认可度一定很高，用心服务好他们，他们就是你最好的传播者，可以为你带来财富与影响力。

深度团结超级链接者

另外，有一些超级链接者，你也要格外重视，因为这些人的能量特别大，如果能获得他们的帮助，有时一个人的助力可以抵过成百上千人助力的效果。

以我自己举例，如果你要做一次大型活动，比如做一个千人社群，我来深度助力你的话，我一个人就可以完成至少几百人的任务。这会比你单独邀请一些核心学员帮忙省力多了。这就是超级链接者的传播威力。

我现在就很重视这些超级链接者，注意增强跟他们的链接，并深度团结一些理念一致的人，互相赋能。

每个打造个人品牌的人，都一定要修炼好传播能力。传播力就是变现力和影响力，是让你脱颖而出的核心能力。

◎ 深耕能力：把一口井打 10000 米深

对于刚开始打造个人品牌的人，这句话你一定要认真听：把 10 件事做到 60 分，不如把一件事做到 90 分。

很多人之所以没有做出好的成绩，主要因为没有在一件事上深度打磨自己。

那为什么有的人就缺乏这种深耕能力呢？我总结为三个关键原因。

定力不够

第一个原因是定力不够。人性是散焦的，很容易分散精力在多件事情上，这就导致原本在做的那件事下的功夫不到位，深度不够，就达不到比较高的水准，因而就很难赚到钱。

这个时代，风口一直在变，如果你是那个经常被风口带着跑的人，就很难培养定力，定力不够，成事就很难。

我身边有些人就是这样，原本做得挺好的，一个月也能赚个几万元，多的时候甚至还能上十万。但听到别人讲一个特别有前景的项目，就被带去做那个项目了。结果因为精力分散，原本的领域做得越来越差，又被新的项目拖了进去，连生存都变得异常艰难。

不停更换赛道，无法在一个领域深耕形成持续积累。又能有多大的竞争优势呢？

因此，我们一定要把心定在自己做的事情上，持续钻研，积累经验，找到做这件事更大的价值和意义，让自己在深耕的过程中，心越来越定，事越做越好，变得也越来越有力量。

缺乏诚意正心

第二个原因是缺乏诚意和正心，使很多人做不到持续深耕。

什么是诚意？

当你带着百分之百的真诚，为你的用户解决问题时，这就是诚意。

什么是正心？

正心就是不自欺、不欺人。

你不会为了满足自己的私利和私心，过度夸大产品和服务，一味让对方买单；你也不会因此向别人推荐他们根本不需要的东西，让别人为你付费。

这就是正心！

可惜的是，很多人都做不到。他们觉得自己的产品好，就一定要想方设法卖给对方，不管对方是否真的需要。

事实上，持续在一个领域深耕，是因为你一直在做正确的事情，放在销售产品上，就是坚持把对的产品卖给真正需要的人。

一个人内心乏力，很多时候就是因为做一件事情夹杂了太多的私心杂念，包括卖产品也是如此。

长此以往，它就会消耗你做这件事的内驱力，一旦缺乏足够的热情和内驱力，自然很难持续深耕做好这件事。

所以，打造个人品牌要放下私心杂念，多想一想你能给客户解决什么问题，有没有给到客户真正需要的东西，修炼自己的诚意正心。

只有如此，你才会对自己诚意正心，对客户诚意正心，对自己做的事情诚意正心。唯有诚意正心，你的事业才能越做越大。

缺乏专注力

第三个原因是缺乏专注力。

当专注在一件事上时，你会发现自己有很多的想法和点子，并且开始意识到要持续深耕，因为你还有很多事情没有做深入。这时候，你会非常用心地去完善自己要做的事情，把事情越做越好。

像我在自己专注的领域一个月做到几十万元营收时，依然觉得自己还有很大的成长空间，所以仍然很用心地打磨产品，以服务好已有的用户。

如果没有足够的专注力，你就可能会分散精力做其他的事，每次转型都需要重新起步，从头做积累。这样你就是永远在一个很低的水平上跟他人竞争，又怎么可能做出影响力呢？

在一个细分领域，只有做到头部，才能拥有更多资源、人脉和财富。

坚持深耕一个细分领域，把一口井打到 1000 米甚至 10000 米深，保持定力，保持诚意正心，保持专注，这样你才能做到理想的高度。

总结一下，打造个人品牌影响力，要修炼好三项核心能力，分别是：输出能力、传播能力和深耕能力。这三项能力，是个人品牌影响力进阶的底层能力。

1.4 打造个人品牌的三个重要阶段

如果你刚开始打造个人品牌，需要清楚打造个人品牌的不同阶段，以针对性进行推进。

打造个人品牌，分为五个阶段：探索期、新手期、胜任期、高手期和顶尖高手期。

前两个阶段是起步期，到胜任期就意味着你能做这件事了，到高手期意味着你已经打通了专业路径，而到顶尖高手期通常你已经建立了在这个领域的真正地位。

只从专业角度评估可能不太直观，如果按照营收量级划分具体阶段，会更加直观，我也是这样来指导学员不同阶段进阶和突破的。我认为有三个重要阶段，第一阶段，营收从 0 到月入 1 万元；第二阶段，营收从 1 万元到月入 10 万元；第三阶段，营收从 10 万元到年入百万元。

◉ 第一阶段：营收从 0 到月入 1 万元

对刚开始打造个人品牌的人来说，第一阶段营收从 0 到月入 1 万元非常重要。

新手最开始一定要突破这个节点，设计一款具备可行性的产品，正式跨入营收 1 万元的阶段，以证明选择的路是可以走的，增强自己打造个人品牌的信心。

我私下指导过近百位学员完成了打造个人品牌的第一阶段。拿其中三位学员来举例：一位做亲子阅读的学员，定价 200 元的会员产品，一次发售招募了近 70 位付费用户；一位做社群销讲（一对多批发式销售）的学员，定价 2500 元的私教产品，一次发售招募了 6 位付费用户；一位做新媒体写作的学员，定价 5000 元的年度私教产品，一次发售招募了 4 位付费用户。

实现第一阶段的突破，我认为最重要的心态就是：敢做，要有敢于跨出第一步的勇气。

你要记住这句话：所有的伟大，都来自一个勇敢的开始。

我是 2017 年进军知识付费行业，通过做一个写作付费专栏实现了第一阶段的突破。那时候我就是敢做，没想太多，然后就轻松突破了第一阶段。

所以，不要担心结果，只要勇敢开始，就是非常重要的突破，到了一定阶段，自然就会过渡到下一个阶段。

❍ 第二阶段：营收从 1 万元到月入 10 万元

如果第一阶段是探索期和新手期，那么第二阶段就是胜任期了。完成了第二阶段，就代表你可以把它作为事业来做，这个确认和突破是非常重要的。

营收从 1 万元到月入 10 万元，是一次很重要的势能升级，不少新手都花了很长时间才完成这个阶段的突破。

那完成这个阶段是不是很难呢？其实也不是的，只要找到正确的方法，你也可以快速突破，跨入新的阶段。

我身边的学员，其中一位做读书会的学员，定价 1 万元的创业营产品，一次发售就招募了 13 位付费用户；另一位做 IP 孵化的学员，定价 16800 元的私教产品，一次发售招募了 6 位付费用户，等等。他们通过做不同的高端产品，都完成了营收月入 10 万元，实现了第二阶段的重要突破。

要实现第二阶段的突破，我认为最重要的心态就是：勇猛精进。

有些人之所以被卡在第一阶段，就是因为缺乏了勇猛精进之心。这就像修身，刚开始进入时要猛。从营收月入 1 万元到月入 10 万元，也是如此，最重要的也是猛。突破了营收月入 10 万元这个阶段，就验证了这条路是行得通的，可以为你长期打造个人品牌建立巨大信心。

我指导学员，倾向于在一个相对短的时间内帮助他们快速突破这个环节，帮助他们建立做事的决心和信心。

◎ 第三阶段：营收从月入 10 万元到年入百万元

突破了打造个人品牌的第二阶段，你就具备了做这件事的决心和信心，也说明你能胜任这件事情了，但不能停留在这个阶段，还要继续往前走。这就到了第三阶段：营收从月入 10 万元到年入百万元。

我身边不少营收过百万的 IP 伙伴，突破百万元关口都花了几年甚至十几年的时间。

这说明这一关对于很多人来说是有难度的，要花一些时间来突破。

我有一个自己的总结经验：打通一个商业路径。我在 2020 年走通了线上合伙人模式，又推出了一个高端咨询产品，下半年就实现了营收百万。当时我们赶上一个模式红利期，推出了平台的线上合伙人模式，定价几千元的会员产品，5 个月时间就招募到近 300 人。2020 年 7 月，我们又推出了一款高端咨询产品，再次招募到 20 多人，完成了第三阶段的重要进阶。

这个阶段我最大的收获就是，打通商业路径，让我觉得之前的聚焦和努力都是值得的，整个人也通畅了。

要实现第三阶段的突破，我认为最重要的心态就是：有韧劲。

我们要聚焦在一个细分领域，深深地扎根，夯实各个维度的基本功，坚持不懈，直到打通这个商业路径为止。

打造个人品牌，完成这三个阶段的突破，也就把这件事做到了一定高度。营收数字只是一种结果的呈现，只有跨越这三个阶段，你的个人品牌才算真正进入稳定期，也就意味着你的个人品牌之路真正开始了。

1.5 如何正确地开启个人品牌之路

在打造个人品牌的前两年时间里，我就意识到，这是一个系统工程，不是简单地做产品变现。打造个人品牌是终身的修行，是值得一辈子做的事情。

现在，打造个人品牌已经成为我工作和生活的一部分。它让我与外部世界建立了紧密连接，同时还给我带来了财富与影响力，是我生命的重要组成部分。

不少人都因为没有找到合适的老师，得到正确的指导，丧失了打造个人品牌的信心和机会。鉴于此，我觉得有必要探讨一下应该如何正确地开启个人品牌之路。如果把打造个人品牌作为终身的修行，那么在刚开始时，就一定要掌握其规律和方向。只有这样，个人品牌打造之路，才能更具持久性。

◎ 找准定位，确定个人品牌重要方向

每一个打造个人品牌的人，首先要做的事情，就是找准定位，确定个人品牌的方向。

之前有学员问我："打造个人品牌，是否一定要先找定位，直接做一个产品变现，不可以吗？"

直接产品变现不是不可以，但如果你开始做的时候就没有找准定位，那后面大概率就会面临方向调整。方向一调整，整体的产品架构就要调整，很可能之前做的产品就要被推翻，那前面的部分就不是积累，而是负债了，会让你多走不少弯路。

如果你实在不清晰自己的大方向时，我强烈建议你找一个专业的咨询师，虽然要花一些咨询费，但可以为你节省很多时间。

记得曾经有一位学员找到我咨询，她同时在很多领域学习，并且为此花了 30 多万元，但依然没有找到方向。后来，我帮她做好定位，她一下子就定心了，随后砍掉了不少跟定位不相关的学习，整个人状态也好了很多。

在这个看似到处是机会的时代，找准定位，确定个人品牌方向，是打造个人品牌的第一步。定位做得好，可以少走弯路，更容易形成长期积累。

◎ 不贪多，从做好一款尖刀产品开始

有了精准定位，接下来要做的就是设计一款产品，把它慢慢打磨成尖刀产品，能够长时间在市场上销售。

我开始定位到写作细分领域时，就设计了一款训练营产品，主攻新媒体写作方向，通过持续打磨这款产品，并持续不断地升级迭代，一直做了近 20 期，让它成为平台的尖刀产品。

这给了我一个很重要的启示，就是：不贪多，从做好一款尖刀产品开始。

有些人在打造个人品牌时，不断地变换产品，希望能通过不同产品持续变现，却导致无法做出持续性受到市场热捧的尖刀产品，反而削弱了自身的竞争力。

我们要学会通过认真打磨一款产品，根据客户需求不断升级迭代，然后做出足够好的口碑，进行持续性销售，让更多用户来体验产品。这样既可以完善产品的质量，又可以赢得用户的口碑和信任，还能增强我们自身的品牌势能和整体营收，一举多得。

◎ 持续推广，找到 100 个精准的种子用户

产品做出来之后，做好内测，产品跑通了，就可以向市场正式推广。

我做产品有一个原则，就是：持续推广，找到前 100 个精

准种子用户。

做会员产品，如果招募不到 100 人，那么从社群整体来看，就会有点冷清，因为人数有点少。我的学员如果做类似性质的产品，如果没能招募到 100 人的基数，我一般不会推动他做这件事，而是会让他老老实实积累自己的专业和势能。

寻找到前 100 个精准种子用户，对于每个打造个人品牌的人都很重要，因为这是你最原始的用户积累。只有深度服务好他们，你才能构建自己持续的品牌影响力。

前期找到 100 个种子用户会有些困难，这时，你可以调动自己的资源以及身边的资源，也可以加入一些付费社群，以找到精准的种子用户。

我的第一批 100 个种子用户，就是来自我的公众号粉丝。通过持续输出优质内容，我吸纳到了他们，这给了我开启个人品牌打造之路的信心。

我现在的一些铁杆用户，还有当时的那批种子用户，他们不仅成了我的重要用户，还是我前行路上的重要支撑力量。

◎ 深度服务好核心用户，建立口碑影响力

打造个人品牌，很多人尤其强调引流，希望增加自身的流量基础，却忽略了一个重点，就是：深度服务好已有的核心用户。

仔细研究可以发现，急于引流的人往往是想变现，而且想快速变现，解决自己现阶段的现金流困境。但这往往会造成一

个危局，就是没有服务好已有核心用户，影响了口碑，后期变现就会越来越乏力。

打造个人品牌，不怕没有用户，就怕没有客户再深度信任你。

当你特别需要流量的时候，先要问一下自己：我现有的核心用户深度服务好了吗？如果深度服务好了，他们为什么不帮我转介绍呢？

我们要学会放下"引流"思维，构建"深度服务"思维，因为深度服务比引流重要 100 倍。

通过深度服务，可以让用户深层次认同你，经由你提供的服务受益的用户不仅会购买你后端的产品，还会主动帮你宣传，为你带来更多付费用户。

我曾经很多次对学员说，不要怕没有客户，就怕客户来了之后，你没有服务好，从而丧失了客户对你的信任，这是致命的，对你未来打造个人品牌也会有很大的影响。

所以，只有深度服务好核心用户，才能建立口碑影响力，才会有越来越多的客户主动来找你，你也才能因此获得长久、持续、稳定的发展。

◎ 梳理自己的知识体系，构建核心竞争力

通过打磨产品和深度服务用户，到了一定阶段，要做的事情就是梳理自己的知识体系，因为知识体系就是你的核心竞争力。

打造个人品牌，最核心的价值点就在于你的知识体系。

有些人知名度很高且持久，有些人却只是一时出名很快就被人遗忘，根本原因就是在于他们有没有构建自己的知识体系。

所以作为一个致力于打造个人品牌的人，如果你能构建出一套自己的知识体系，并让他人因此而受益，那你也就构建了自己在细分领域的竞争力。

我之前开发了一套新媒体写作的知识系统，做成了训练营课程，帮助了成千上万的人开启了写作之路，我也因此受益颇多。

现在我写的这本书则是在构建一套个人品牌的实战知识体系，构建专业的个人品牌打造知识体系就是我的核心竞争力。

如果你能构建出自己在细分领域的知识体系，不仅能对行业知识进行收集、梳理、拆分、填充和创造，还能在构建的过程中，强化自己的核心竞争力，这个过程也会让你在打造个人品牌时更加自信，让你的个人品牌越来越有竞争力和持久力。

打造个人品牌是这个时代的趋势，也是一场修行，还能累积终身影响力。认清了个人品牌的趋势和价值，跟我一起来打造具有影响力的个人品牌吧！

第 二 章　品牌定位：
找到属于你的高价值定位

2.1　认识人生定位的三个重要阶段

我这两年做了很多线下一对一战略咨询，其中有不少学员都是咨询人生定位的，他们急需解决这方面的问题。

一个人如果人生大方向不清晰，就会很容易迷失方向，也很难在一个领域做出好的成绩，更难把一件事做到一定的高度。

还有一些人迫于生存，不得不选择在一个领域做 3 ～ 5 年，不等做出成绩又换了方向，去新的领域谋生。从商业教练的视角看，这种情况是很糟糕的。

所以，我想告诉你，理解人生定位非常重要，因为只有真正理解并且找到人生定位，你的人生在某种意义上才算真正开始形成长期积累。

◎　找到你喜欢的事情，认真去做

我在大学期间做了不少事情，比如，学习英语，练习演讲，参与读书会，还做过老师、一线销售等。

大学毕业我被分配到云南昆明，因为很喜欢演讲，就一边工作一边在网上开了演讲班，还招募到了十几位付费学员。

之后因为喜欢英语，毕业一年多时通过一个机会，在网上做了英语讲师，教英语口语。

再后来，我因为喜欢写作，又开通了公众号，还做了一个付费写作专栏，当时做到了近万名用户。

到 2018 年 12 月，也就是我快 30 岁的时候，才真正定下来，全面聚焦到写作这个细分领域，集中发力，才做出了比较好的成绩。

我用自己的经历就是想告诉你，对大部分人来说，刚开始选择人生方向时，是不大清楚自己真正喜欢什么，擅长什么，未来又能做什么的。这个时候，可以选择自己喜欢的事情，认真去做，不要想着一下子就能定下来。你可以通过不断地尝试和体验，找到自己的人生方向。当你明确和坚定了人生方向，再真正扎根下来，后期就不太容易受外界的诱惑和影响，也能在自己的领域持续深耕和积累，做出真正的影响力。

◎ 定方向，在一个细分领域深耕

你只有真正在一个细分领域定下来，下定决心来做，才能在这个细分领域做出影响力来。

一直到现在，我都非常坚信这一点，因为我就是这么走过来的。

所谓真正定下来，就是你愿意定在一个细分领域，持续在这个领域深挖，从几十米到几百米，再从几百米到上千米，持续不断，日日精进。

越是在一个方向上深挖，就越容易把一个点挖透彻。这时，你也会发现自己的理解越发深刻，越是理解深刻，你在自己领域就做得越好。

这就是定方向的重要性，如果不定方向，就很难把一个领域做得很透彻。

我也正是因为定了方向，才把写作三六五平台做起来的。

到目前为止，我用 3 年时间，做了几十期写作训练营和很多场线下课，出版了两本书，还做了高端私董会，真正做出了自己的品牌影响力。

一路走来，我对《大学》里的那句话深度认同：知止而后有定，定而后能静，静而后能安，安而后能虑，虑而后能得。

止、定、静、安、虑、得，只有先做到了止，也就是定方向，你才能真正获得。

◎ 找到高价值定位，做定位升级

2020 年上半年，我做了一件很重要的事，就是把个人品牌定位从原来的新媒体写作教练升级为品牌写作行家。因为这次系统的定位升级，我也因此找到了一个更高价值的定位。

之所以要做这个升级，是因为我发现，通过新媒体写作吸引进来的大部分都是职场人士或是一些自由职业者，很难吸引创业者，但通过品牌写作这个定位就可以。

2022 年，我再一次做了定位升级，改为个人品牌商业教练。这次升级之后，我们不仅把私董会这个产品做到了六位数的单价，还把自己的价值做得更高了。现在吸引来的很多学员都是在自己的领域做得比较好的，还有很多的创业者，他们想要通过打造个人品牌，构建自己的品牌影响力。

因为这次升级，我们还迭代了两个产品，一个是"个人品牌1对1私教"，另外一个是"个人品牌1对1战略咨询"。每一次高价值定位的升级，对我来说，都是人生的一次重大升级，同时我的品牌势能也获得了重要升级，个人品牌影响力也越来越大。

　　需要说明的是，当你刚开始做一个领域时，不一定能一下就找到高价值定位，这时不妨先在这个领域定下来，有些人总是定不住，或者定不准，那就不要纠结定位本身。相反，先把方向定下来，打好基础，做出一定的成绩，这比定位本身更重要。当你真正确定这是自己未来的方向时，做到一定程度再做定位升级，找到高价值定位。

　　我给学员做定位咨询时，会看一个学员的基础如何，处在什么阶段。如果基础比较弱，我就辅助他定方向，打基础。如果基础比较好，已经在一个领域沉淀多年，我会帮他做定位升级，找到细分领域的高价值定位，让他的天赋和能力发挥出更大的价值。

　　对你来说，也是如此，结合我谈到的三个重要阶段，你要看清楚自己所处的阶段。可能一开始，你的定位没有那么细分，或者没有那么高价值，没有关系，到了一定的阶段，基础打牢了，方向坚定了，心也定了，这时候，再做定位升级依然不晚。

　　总结一下，人生定位有三个重要阶段：第一阶段，找到你喜欢的事情，认真去做；第二阶段，定方向，在一个细分领域深耕；第三阶段，找到高价值定位，做定位升级。

弄清楚人生定位的三个重要阶段，对你打造个人品牌，构建自己的品牌影响力，非常重要。

2.2　每个人都要找到属于自己的高价值定位

每一个打造个人品牌的人对定位都不陌生，因为打造个人品牌首先就要找到自己的定位。

但很多人对高价值定位并不是特别理解，尤其新手，可能都不知道什么是高价值定位，以及高价值定位对自身的价值，并且不知道在打造个人品牌的过程中，高价值定位对自身直接和间接的影响。

在这一节，我会跟你谈到高价值定位原理，告诉你为什么要找到高价值定位，以及高价值定位对个人品牌的影响，帮助你厘清背后的底层逻辑。

◎　高价值定位原理

对于高价值定位，我的感触特别深，因为我曾经在低价值定位待了很长时间，所以在找到高价值定位后，顿时感觉截然不同，它是让我变得更贵的武器。

那什么才是高价值定位？

高价值定位，就是付出同样的时间和努力，能给你带来更高价值回报的定位。

那为什么要把它上升为原理呢？

因为这在定位中非常关键。如果你没有遵守这个原理，即使付出很多时间和精力，但获得的回报却会大打折扣，可能会让你少赚很多。

以我自己为例，开始深耕写作领域时，我做的最高级别的会员社群，定价是 1999 元 / 人。后来进行了高价值定位升级，推出了一个高端咨询类产品，定价为 2 万 / 人，一次性招了几十人。之后，我又做了一次定位升级，做了一个咨询类私教产品，人均定价已经做到了 6 位数。

起步时，你可能感觉不到高价值定位的重要性，因为那时候你的影响力还小，用户也少。等你有了一定用户积累，做定位升级，拥有高价值定位，可以带动产品战略升级，直接决定你的产品的价格，以及你未来的营收。

我给学员咨询做定位时，也特别注重帮他们分析高价值定位，根据学员本身的特质与擅长，结合市场的需求与前景，帮学员找到自己的高价值定位。

一个适合自己的高价值定位，可以让你在个人品牌打造上，少走很多弯路，并且会创造更大的价值，给你带来更多回报，对每一个想打造个人品牌的人来说都非常重要。

◎ 为什么要走离钱近的那条路

很多人选择打造个人品牌，就是为了提升个人影响力，这样可以更轻松地赚钱。既然一开始你的目标就是能够更轻松地赚到钱，那就找一条离钱近的道路，这样目标达成可以更简单。

这一点可能很多人一开始都想不通，包括我自己。我之前一直在想，为什么要选择离钱近的那条路呢？选择我喜欢的、我擅长的，不就很好吗？

直到后来，我在选择的领域赚钱特别累、特别辛苦时，才真正意识到，原来离钱近这件事，不是让自己变得功利，执着于赚钱，而是要找到自己的高价值定位，这样才能做出高价值产品，拉升自己产品和服务的标准，让自己也值得成为很贵的品牌专家。

想通这一点，我花了近3年时间，但认识到这一点，我对这件事的认知就更加深入了，而认知深度直接决定结果的高度。

一旦把这个点打通，打造个人品牌之路，就变得更加轻松和自如。这也使得我最近两年的个人品牌，整体势能推进得很快，同时也把赚钱这件事变得更加轻松了。

如果你刚开始打造个人品牌，我建议你找到一个自己擅长，并离钱近的领域，然后把它从入门做到精通，这样在赚钱上会更加容易。

◉ 高价值定位对打造个人品牌的三大影响

高价值定位对于打造个人品牌，是有直接影响的。这种影响，我总结为三个方面：对收入的影响，对产品的影响，以及对品牌势能的影响。

第一，对收入的影响。高价值定位可以让你获得更高价值的回报，这就意味着付出同样的努力，你的收入会更高。这可能是最直接的，也是肉眼可见的回报。

第二，对产品的影响。因为高价值定位，产品势必会做升级，无论产品本身，还是整体规划，都会受到直接影响。

第三，对品牌势能的影响。定位升级意味着产品升级，同时价格也会做升级，卖定价 2000 元的产品，跟卖定价 2 万元的产品，本身的势能是不同的，这就意味着可以带动整体势能的升级。我在做第二次定位升级时，还连带做了好几场重要专场直播，做了一次大的势能升级，事实证明对我的个人品牌势能的进阶非常重要。

认识到高价值定位对个人品牌的直接影响后，每一次定位升级，我都会深度思考很长时间，而且会让身边的学员意识到我这种升级，这个周期一般是 3 ～ 6 个月。

之所以这么做，是因为定位本身不只是改变一个标签，而是改变用户对你的认知。这种认知升级需要一些时间来沉淀，所以每一次定位升级，我都非常谨慎。

最后，我想说，每个人都要找到自己的高价值定位，并且要学会持续升级自己的定位，让自己走在一条难而正确的路上，以此让自己的个人品牌变得更值钱。

2.3　如何找到自己的高价值定位

现在你已经知道什么是高价值定位原理，以及找到高价值定位的重要性了，接下来你一定关心如何找到自己的高价值定位。

本节，我将结合两位学员的案例，做进一步分析，让你弄清楚高价值定位是如何找到的。

◉　选择市场空间大的赛道

给学员做定位时，我考量一个很重要的因素，就是赛道的市场空间。市场空间越大，变现就越简单；相反，如果你定位的市场空间特别小，变现就会很难，打造个人品牌就会遇到很大的阻碍。

我有一个学员想做亲子写作领域，找到我时她已经确定了方向，希望我来帮她最终决策。

按照她的分析，她身边有不少宝妈之前跟她一起践行亲子阅读，现在如果做亲子写作，就有了不少精准用户，做付费社群变现起来也会容易一些。

她这样想乍一看，好像没什么问题，但深层剖析一下，你就会发现其中的问题。

从赛道的市场空间来看，同行业做亲子写作的非常少，说明这个行业的竞争很小，市场空间也很小，如果市场空间真的很大，至少是有很多人在做的。

我又给她看了一个大的写作平台上的亲子写作课程，发现课程普遍定价比较低，报名的用户也不多，这进一步说明，这个赛道的市场空间确实很小。

通过这样的分析判断，她一下子就明白了，并否决了开始的想法。

很多人在选择定位时往往缺乏市场空间角度的考虑，只是凭着个人喜好，或者单纯考虑容易变现，这样就很容易走弯路。

选择定位一定要挑大的赛道，再在大赛道找到一个好的切入点，这样发挥的余地就更大，市场前景也更好。

◉ 精准定位的三个关键要素

做好精准定位，需要把控好三个关键要素：能力圈、高价值和市场空间。

能力圈

我给学员指导定位时，会深入了解挖掘他的能力圈，一旦挖到某项能力，我会再深入了解他是否用这个能力获得过一些成就，并让他罗列出来。人在讲自己擅长的东西时，举手投足间会有一种自信，眼中会有光。有经验的咨询师很容易能捕捉到这种自信，然后在这一能力上进行深挖，看是否足够匹配他的定位。

我有一位学员是做演讲培训的，他在讲自己学习演讲的经历时滔滔不绝，我能在他的分享中看到他眼中自信的光芒，进一步分析了他的差异化优势后，我给他定位为：社群销讲教练。

要精准定位，挖掘能力圈是第一位的。学会发挥并放大自己擅长的，就很容易做到一定高度。

高价值

分析完能力圈，我会从学员的能力圈中，挖掘出高价值的部分，比如职场演讲就不是高价值定位，而类似社群销讲的商业演讲就是高价值定位。

上文提到的那位学员一开始做的就是职场演讲，但他用这门技能获得的收入是比较低的，没有把他的价值充分发挥出来。我针对他的经历与经验，以及他的差异化优势，帮他找到了高价值定位，就是社群销讲，最终定位为：社群销讲教练。

这个定位，一是在他的能力圈范围内，二是高价值的，用户愿意为这个定位支付更多，三是他非常喜欢，并愿意长期来做的。

后来，他在这个定位下，开启了自己的私教班，一期又一期地在开，我的公众号上还有他的成功案例文。在我写这本书时，他的年度私教收费已达到 2 万元了。

高价值定位给个人品牌带来的优势，不仅直观上能有更好的回报，也能为个人品牌赋能，给打造个人品牌的 IP 带来更大的信心和更好的未来。

市场空间

我帮学员做的"社群销讲教练"的定位，分析一下你会发现，它的市场空间是很大的。这几年私域的概念非常火，社群也非常火，在社群中做销售是很多人销售产品的一种途径。我的很多学员都有社群发售产品的需求。只要他认真做，就会有很多人愿意找他付费，而且一次好的产品发售可以创造很高的营收。如果能积累一些成功案例，借助高价值定位，也就很容易把价格做上来。

要做好精准定位，以上三个要素需要同时满足。扎根在好的定位上，再逐步深入，持续积累，就可以获得一个又一个里程碑事件。

○ 找准自己的目标用户群体

给学员做定位时，我还会帮他们寻找目标用户群体。这对刚开始打造个人品牌的学员来说非常重要，确定了目标用户群体才能知道自己要为谁，解决哪些问题。

上面举例的做社群销讲的学员，他最直接的目标用户群体就是做知识 IP 的，他们有影响力也有自己的基础用户，针对他们做社群发售就相对容易一些。同时，他也可以针对手上有产品的人，比如微商群体，他们也需要通过社群卖产品。除此之外，他还可以指导一些老板在线上做新产品发售。最近几年，因为外部环境的影响，很多老板都转型线上发布新产品，这时候他的价值就发挥出来了。

老板本身就很有能量、很有资源，一次好的新产品发布会对他们来说至关重要。他能帮助这些人取得好的结果，报酬自然也是很可观的，还有可能赢得长期合作的机会。

这样分析完，这位学员的目标用户群体就出来了，他就很清楚地知道应该服务于谁，这对他接下来打造个人品牌非常重要。

如果你已经开启了自己的个人品牌之路，也要对目标用户群体进行分析，建议可以列出 10 类潜在目标用户，逐一写下来。这样你就能直接看到谁是你的目标用户，以后无论是写文案，还是销售推广或者做直播，你都知道自己在对谁说话，为谁解决问题，营销会更加精准。

经过上面全部步骤，你就知道如何找到高价值定位了，希望你能及早找到自己的高价值定位，让个人品牌之路事半功倍。

2.4 如何夯实和进阶自己的高价值定位

任何一个细分领域，真正能够做到行业头部的永远是少数，而且是极少数。为什么这些人可以做到呢？

很核心的一点就是，他们在不断夯实和进阶自己的高价值定位，构建了自己的专业护城河，从而使得自身的竞争力越来越强。

如何夯实和进阶定位呢？我在这里分享最核心的三种方式，每一种方式都很重要。

◎ 定位重要，定心更重要

有了定位，但如果心定不下来，那定位本身也没有多大价值。这样的定位只是一个对外的标签，并不能发挥特别大的作用。

不少人经常变换定位，根本原因就是没有真正把心定下来。这个世界诱惑太多，心不定就很容易被带着走，频繁更换定位、更换赛道，其结果是很难做出影响力。

我在指导学员做定位时，会花很长时间帮学员定心，让他沉下心来打磨定位，不断构建基于定位的里程碑事件。

很多人心定不下来，是因为在自己的定位上没有看到显著的成绩，然后就会怀疑自己，怀疑定位本身。当信心跌落到临界点时，他就会更换定位，转向新的方向。无论哪个领域，都需要5年才能成为熟手，10年成为专家，15年成为高手，20年才能成为顶尖高手。如果没有足够长时间的积累，很难在这个领域获得立足之地。

定位，最重要的是把心定下来，沉下心，逐步积累经验，定在一个领域把根扎深。通过持之以恒的积累，让自己的定力更强，这样无疑会减少焦虑和迷茫。

◎ 在定位领域建立标志性事件

要想把一个定位做扎实，就要建立在领域的里程碑事件，就像打游戏一样，一步步过关斩将，这样你就更有信心持续前进了。

比如，我在刚开始定位做写作领域时，做了一场年度演讲，当时观看人数有 3000 多人次，这个动作为我创造了第一个标志性事件。之后，我推出了零基础写作系列课程，又构建了我的一次标志性事件。再后来，我做了新媒体写作的系列课程，还做成了训练营的形式，这个训练营一直做了两年，服务了上千名付费学员，又构建了我的另一个标志性事件。

之后，我写作并出版了一本《终身写作》，这本书奠定了我做这个领域的根基。

再之后，我举办线下课、新书签售会等，都是在构建自己的标志性事件，从而让我的个人品牌势能不断进阶。

如果你想逐步夯实自己的定位，就需要建立一个又一个标志性事件，在这个过程中，逐步构建自己做这个领域的信心和底气。

我在指导学员时，会给他们设计不同阶段必须达成的标志性事件，帮他们建立信心。信心越足，心就越定，心越定，成绩就越好。

◎ 坚持长期做难而正确的事情

要进阶自己的定位，一个很重要的方法是：坚持长期做难而正确的事情。这个方法是我最核心的进阶方式，而且我一直都在深度践行。

这句话是贝壳创始人左晖提出来的。我看到时，感觉像一下子被击中了，把它深深地刻在了脑子里。

之后，我看到华住创始人季琦写的《创始人手记》，他也提到了自己的做事方法，叫做：取法乎上。也是在说，要做难而正确的事情。这本书我翻了很多遍。

我在指导学员时却发现，对很多人而言，坚持长期做难而正确的事很难，他们经常在做的是恐惧和逃避做难而正确的事情。

比如，作为一个写作者，每天输出定量的文字就是日课，是必须要做的，但少有人能坚持做到。我曾经整整三年时间内都保证每天输出近 3000 字，这样走过来之后，再做内容就变得特别扎实。

坚持长期做难而正确的事情，不仅定位会更加扎实，更重要的是，你的财富和影响力也会有非常大的提升。

2.5 成为细分领域头部的三大关键法则

但凡进入某个细分领域，很多人都曾经梦想自己成为领域的头部专家。这个梦想只有少部分人实现了，大部分的人都没有实现。

做成一件事，成为细分领域头部，背后有很多决定因素，但都离不开环境因素、组织氛围的影响。接下来，我将跟你探讨的是，成为细分领域头部的三大关键法则。

◎ 找到自己细分领域的对标人物

要想成为一个细分领域的头部，首先你要找到自己所在领域的对标人物。对标不只是对标他的成就，更多的是对标他做这个行业的标准。

很多人也做了对标，却失败了，我总结为两点原因：

其一，没有对标行业顶尖，标准没有提上来；其二，没有深度对标学习，深度践行。

2018年，我全面进入写作细分领域时，就对标了一位行业大咖，他每天写一篇文章，我也照着做。后来，他不这么做了，我还在坚持每天写几千字，一直持续到2021年。这就是深度对标，这样的对标才有价值和结果。也因为此，我写出了几本重要的代表作，3年输出了300万字左右。

2019年，我搭建了写作三六五平台，一开始对标的是一个知名的演讲平台。后来我跟其创始人线下聊完后，发现我们建设平台的理念不太一致，于是就转换了方向，对标了另外一个卓越的传统文化平台，而且是深度对标。也因为这样的深度对标，我做出了符合我的核心理念的写作平台，也赢得了很多学员对我们平台的喜爱和支持，同时还把平台做到了细分领域的头部。

找到自己细分领域的对标人物，拉高自己的标准，并深度对标学习，才能产生足够优质的结果，这样才有可能成为细分领域头部。

◎ 构建做细分领域的使命和愿景

什么是使命？使命就是你为什么做这个领域。什么是愿景？愿景就是你要做成什么样。

刚开始做细分领域，你可能对使命和愿景没有多大感觉，这很正常。因为这时你最需要考虑的是生存问题，是如何让自己在这个领域活下来。

等过了生存期，你就要思考自己为什么做这个领域，以及准备把这份事业做成什么样。这对于任何一个打造个人品牌、开启创业模式的人来说，都非常重要。

对于创业者而言，创业有两大核心问题：第一，生存；第二，回答创业过程中那些困扰自己的问题。当度过生存期，你就要去回答这些形而上的问题。只有真正把这些问题弄清楚，你的思想深度和广度才能上来，企业才会有高度和未来。

我从 2018 年进入写作领域，就一直不断地问自己这两个问题。得益于此，我最终把自己问明白了。做写作这个细分领域，是因为我把写作当作一种生命修行，所以愿意长期推广写作，也希望更多人像我一样，把写作当作一种修行方式，从写作中真正受益。所以写作三六五平台的使命就是：让写作成为一种生命修行。

那我想把这个平台做成什么样呢？这是我确定使命后，继续追问自己的问题。一开始，我的愿景是带领成千上万的人开启终身写作。后来搭建好平台，完成进阶，并做了定位升级后，我的愿景也升级为孵化 100 个细分领域平台，通过创业开启生命更高维度的修行。

要想做到细分领域头部，我们需要经常思考自己的使命和愿景，你可以不用经常对外讲，但这是你要追问自己的问题，并且要朝着这个方向努力。

形而上决定形而下，品牌专家的思想深度和广度，决定了你是否能做到细分领域头部，并成为长期的行业引领者。

◎ 做势能性动作放大行业影响力

这两年直播非常盛行，不少人都通过直播做一些活动而且是大的势能性活动。这种活动本身不仅是卖产品，更重要的是可以构建行业影响力。作为行业专家，你不能只是埋头做事，还需要做势能性动作，让别人知道你在做什么，做得怎么样，这样别人才有机会知道并靠近你，向你付费。

2021 年 6 月，我做了一场 12 小时的线上直播，同时借机发布了我的新书《终身写作》。这场直播为新书宣传提供了一定的势能影响。

6 月底，我们又在杭州做了一场两天一夜、有近 50 人参加的付费线下课，过程中，很多同行包括我们的学员都对我们保持了很高的关注，也因此带动了品牌势能的进阶。

做势能性动作，有助于放大行业影响力。作为品牌专家，要想做到行业头部，就需要有这个意识。做人可以低调，但做事要高调，让别人知道你在做的事情和做得怎么样是很重要的，这需要势能性动作来完成。

建议你每年给自己规划 2 ～ 3 次势能性动作，每一次都认真做，以此让别人更好地认识你、靠近你。

以上三个关键法则，对每一个要进阶为细分领域头部的人，都非常重要，也是我一直都在践行的法则。深入理解和践行这三个法则，对你未来成为细分领域头部会有很大的帮助。

第三章 **产品规划：**
规划产品体系，进阶品牌势能

3.1 如何把技能、才华和知识，转变为财富

⦿ 为什么要开启知识变现

这两年，越来越多的人开始走上知识变现之路，知识变现对于大多数人来说是轻创业非常好的选择。

为什么这么说呢？我认为有三个原因。

第一，这是一个趋势。个人品牌轻创业是一个趋势，对于大部分人来说，开启这样一条路，基本是零投入。更重要的是，你的技能、才华和知识，都可以以产品的形式实现商业变现，同时可以不断累积用户，这是长期复利的一件事，值得深入去做。

第二，获取专业指导是用户刚需。对于很多人来说，获得专业性的指导是刚需，而且他们的要求越来越高。这种需求也决定了知识变现会长期存在，专业能力越强的人，知识变现就越有优势。

第三，大众的精神需求在增加。随着物质需求越来越多被满足，人们精神层面的需求在不断增加。这个时代人们变得越来越需要陪伴和温暖以及精神上的鼓励与引导。

我从 2013 年起开始这方面的探索，一个很大的感触就是，现在知识变现比前几年容易了不少，有越来越多的人进入这个领域。

我也在帮助不少学员开启这样的轻创业模式，让他们把

自己的技能、才华和知识转变为财富，成为细分领域的品牌专家，累积个人品牌影响力。

⊙ 适合做知识变现的三类人群

做了个人品牌培训之后，我发现，很多特别优秀的人往往不知道从哪里开始做知识变现，也不知道自己属于哪种类型的人群。

比如，有些人开始打造个人品牌时一味追求流量，有了流量又不知道如何更好变现，如何把自身的价值做高。这背后其实是缺乏对价值变现的认知，他们不知道如何一步步把自身势能做强。

据我观察和总结，打造个人品牌共有三种类型的人，你可以对照一下，看自己属于哪一类。

知识型的人

我关注的一位商业顾问，他叫刘润，是一个非常典型的知识型的人。一开始他在得到 App 开设付费专栏"五分钟商学院"，通过输出专业知识获取付费流量。后来，他开设了自己的微信公众号，在上面分享大量专业和成长相关的知识，吸引了上百万用户订阅。

他通过知识分享把流量做起来后，就有了很多的变现方式，包括推销课程、开设付费专栏、直播带货、提供战略咨询等。

知识型的人，擅长把自己拥有的知识分享出去，通过知识本身吸引流量，有了流量，就可以直接变现了。

产品型的人

我有一个榜样，他叫华杉，华与华的品牌创始人，专注做品牌营销策划咨询。他是一个非常具有产品思维的人，会把知识转化为一个产品，再通过标准化流程做咨询，他的流量是靠大量咨询案例来的，比如西贝、新东方、汉庭、华莱士、蜜雪冰城等都是他经手过的案例。这些品牌在华杉团队的指导下，都获得很大的业绩增长。

产品型的人，擅长把知识做成产品，然后通过产品的服务做成口碑，以此吸引更多的流量，从而实现更长久的变现。

流量型的人

我认识一个 IP 同行，他叫 Spenser，做微信公众号出身，后来转型做商业 IP。他写过不少公众号爆款文，获取了很多流量。短视频开始流行后，他又通过做短视频和直播获取了大量流量，后来他直接称自己"百万流量大户"。

他就是属于流量型的人，对流量本身有着很强的敏感度，他会通过多种方式来构建私域流量。有了流量，再通过做知识付费产品来变现，时间长了，就形成了自己的风格，做成了很有特色的个人品牌。

流量型的人善于获取流量，他们通过打造爆款内容获取流量，有了一定的流量就有了品牌势能，然后做知识变现就会顺其自然。

我自己是属于典型的知识型的人，擅长把知识分享出去，然后把知识转变为付费课程和咨询产品。不过现在我也在努力成为产品型的人，不仅自己能做出好产品，还要帮助学员做出好产品。

所以，你要清楚自己是哪一类型的人，然后充分发挥自己的优势，把这个优势放大，构建自己知识变现的核心壁垒，在个人品牌打造这条路上长久地走下去。

知识变现的三个重要步骤

搞清楚了自己是哪种类型的人，接下来要考虑的就是如何把知识变成产品，通过销售产品进行商业变现。

关于知识变现，我总结了三个重要步骤：定方向，定产品体系，定销售形式。

定方向

定方向在前一章讲过，有三个维度需要重点考虑：自身的能力圈，高价值定位本身，以及赛道的市场空间。

比如，我现在的定位是个人品牌商业教练，主要做私教这个方向，走咨询路线。

之所以选择这个方向，是因为它同时满足了挖掘能力圈、高价值定位及大的市场空间三个条件，并且这件事也是我一直想要做的和喜欢做的。

定产品体系

有了方向，就要定产品体系了，你要梳理自己产品的类型，包装产品本身，以及要策划产品的核心权益和交付方式等。

比如，我的定位升级之后，主要做的就两个产品，一个是轻创会员产品，另外一个是 1 对 1 私教产品。还有最前端的产品，就是我出版的几本书，这构成了我的整个产品体系。

定销售形式

有了产品，接下来就是定销售方式，销售方式主要包括日常销售以及通过大型活动做产品发售。

日常销售，可以通过微信朋友圈写文案销售，社群分享销售，直播销售，公众号写文销售等。而发售就可以结合微信的生态，联动朋友圈、社群、公众号、短视频和直播，做整体的产品发售。

比如，我的 1 对 1 私教产品因为价格比较高，所以每次我都会做大事件发售，大概每半年做一次，通过这样的方式来招募合适的学员。

这三个重要步骤，第一步上一章已经讲过。另外两个步骤，我会在后面的部分重点展开来讲，让你更加清晰每一步该如何去落地，实现自己的知识变现。

任何一个有技能，有才华和有知识的人，只要你找准路径、找对方法，都可以把这些变为财富，实现自己的个人品牌轻创业之路。

3.2 如何做好产品规划，提高变现效率

当你开启个人品牌轻创业之后，一定会打磨产品，并且还会做产品矩阵的规划。这时候，你就需要了解不同类型的产品，以及产品规划背后的逻辑。

我在刚走上这条路时只是靠模仿他人打磨产品，结果证明适合别人的，不一定适合自己，了解背后的逻辑比单纯模仿重要得多。

本节我会深度剖析产品体系规划，帮你学会规划自身产品，提高你的变现效率。

◎ 认识产品体系中的四种产品类型

产品体系大致包括四种产品类型：引流产品、信任产品、高端产品和超级 VIP 产品。

引流产品

引流产品的好处在于，它可以带来很多基础流量，让更多用户了解你，体验你的初阶段产品，跟你建立第一阶段的信任。

刚开始搭建平台时，因为平台的用户积累不多，我们一直在推进引流产品，比如 7 天的写作训练营，有时一期训练营可以做到上千人的规模。

到了 2020 年下半年，这种类型的引流产品我们平台就不

做了，因为已经累积了近万名这样的基础用户。

规划引流产品，要根据自己的情况和所处阶段来，但凡能够很好地带来新用户的，都是很好的引流产品，可以作为长期增长用户的途径。

信任产品

所谓信任产品，就是用户通过体验，对你的产品建立很强信任感。这类产品在整个产品矩阵中，可以起到非常关键的作用。

我们平台很重视这类产品，包括我给学员规划信任产品时，也很重视这类产品的定位、包装、细节权益和具体交付。

我们平台做过一个22天写作训练营的产品，这是我们线上的口碑信任产品，做了两年时间，一个多月开一期，一直做了近20期。运营这个产品，我们平台付出了很多，但只要学员体验完这个产品，就会对我们平台建立很强的信任，很容易会跟着平台继续往前走。这个产品就是我们平台的信任产品。

后来我们平台做了升级，把年度会员产品也作为信任产品来做，依然会做很深的交付，也做出了一定的口碑。

规划信任产品，重要的是要把这类产品做得有价值，并且要做深层次的交付。这样它才能起到承上启下的作用，奠定其在整个产品体系中的重要地位。

高端产品

对于刚开始打造个人品牌的人来说，做高端产品很容易被忽视，因为这时候很多人没有信心收高价和做高端产品。

我在指导学员时，会帮他们布局 1 对 1 私教产品，私教产品就是高端产品，需要你手把手来带。除此之外，我还会教学员如何做好产品的交付。在刚开始规划这类产品时，我就会告诉学员规划什么时候推进高端产品，如何一步步把产品做好，持续升级和涨价。

很多新手都非常缺乏这方面的知识，除了因为他们不敢做高价产品，还因为他们不知道如何来交付，他们不知道如何做产品升级。

高端产品不仅能带来好的营收和利润，更重要的是可以带来信心和势能，同时还能带来优质客户。用心做好高端产品，是个人品牌进阶的重要武器。

超级 VIP 产品

超级 VIP 产品是最高端的产品，规划这类产品，要把门槛拉得非常高，因为这是深度服务极少数用户的产品。

做这类产品，某种意义上不是为了盈利，而是为了奠定你的"江湖地位"，也就是你在这个细分领域的重要影响力。

一般人很难把一个产品做到非常高的价格，也很难做到持续有人愿意为产品付费。如果你做到了，就会对你的个人品牌打造有大幅度推进。

我现在升级做的 1 对 1 私教产品，收费单价在 6 位数以上，就属于超级 VIP 产品。这类产品服务少数人，这些用户也很容易出成果，将他们做成品牌案例，对我的品牌升级起到了非常关键的作用。

了解产品体系的四种类型产品，对规划好不同阶段的产品，非常重要。

◎ 为什么要做产品整体规划

很多人不懂产品规划的逻辑，就会犯一个错误：别人做什么产品，自己也跟着做，别人产品做得不错，你却没有做出相应的口碑，进而影响你的整个产品体系。

产品体系中的每一个产品都息息相关，一个产品做得好坏，会直接影响其他产品。所以，当你要做一个产品时，一定要思考中间的关联性，还要思考推出这个产品对整个产品体系是否有直接的价值。

那为什么要做产品整体规划呢？因为产品布局就是在经营品牌势能。

你所推出的每一个产品都是为提升你的品牌势能服务的。你要让自己做的每一个产品，都成为人生进阶的重要武器，都能做出口碑影响力。

有了这样的认识，你对产品规划的理解就会完全不一样，这对你后期规划产品体系非常重要。

我之前指导过一位学员，他给自己规划了 6 个产品，虽然他也清晰产品的梯度和矩阵，但规划产品时只是从短期变现的维度考虑，忽略了每一个产品的价值和口碑。

后来，我让他先砍掉三个产品，只留下最重要的三个。取舍虽然对他来说非常艰难，但他还是这么做了。

对于像他一样，品牌影响力不是很强，又没有团队运作的人，我一般都建议不要超过三个产品，做两个产品是比较合适的。这样可以把每一个产品都做透彻，从而产生好的口碑和影响力，也有利于自身长期变现。

所以，规划整体产品体系，要从长期主义的维度，考虑产品的价值、口碑，以及持续变现。这样有助于你把这件事长期做下去，而且做得时间越长，品牌影响力就越好。

在经营个人品牌的过程中，长期经营比短期变现更重要，要通过规划产品体系，掌控个人品牌推进的节奏。

◉ 如何在不同阶段布局不同产品

规划产品体系，一定要记住，在个人品牌的不同阶段，要布局不同的产品。

我在做知识付费的前三年，根本不懂什么是不同阶段要布局不同产品。直到后来系统学习了个人品牌方法论体系后，才真正明白其中的重要逻辑。

接下来，我用一个学员的例子对不同的产品布局产生不同结果进行说明。

有一位学员来找我咨询时，他是这么给自己做产品布局的：因为他在所在领域里已经有一定经验和积累，所以首先规划了一个年度私教产品，定价为 19800 元，这个产品招募了 5个人，完成近 10 万元的营收。招募完成之后，又做了一个定价 199 元的前端产品，最终招募到了 50 人，完成了近 1 万元的营收。做这个产品，他的目的是为后端的产品变现做一些用户沉淀。

做单价 199 元的产品时他已经感觉到招募有些困难了，这时候他想进一步变现，于是又做了一个年度会员产品，定价 1980 元。尽管他已经很努力地推广这个产品，但最终只招募到 30 人，完成了 6 万元的营收。

后来我跟他分析时帮他算了一笔账：

"你第一步推进，规划年度私教产品，这个是没有问题的。但招募人数可以提高到 10 个人，完成 20 万元的营收，凭借你的经验和积累全力以赴推，是可以完成 10 个人的。

"服务 3 个月后，你再开始规划第二个产品，就是定价 199 元的产品，要把产品的权益和包装等设计好，把产品价值做高，这样推广时才能有底气。用 3 个月时间做推广，做到 300 人应该没有问题，如果全力以赴，也许可以推广到 500 人。如果是 500 人，一个人 199 元，就是 10 万元的营收。

"在这个基础上，你用 3 个月做好这个产品的服务，维护好产品口碑，就可以推下一个产品，也就是定价 1980 元的年度会员了。因为前面两个产品口碑和影响力都做得不错，这时候你再推定价 1980 元的会员产品就会容易很多，花两个月时间努力推，推到 200 人，就可以实现 40 万元的营收。

"有了这两个前端产品的基础，再发售年度私教产品，这时候你就可以涨价到 2.98 万元，再招募 20 人，就能实现 60

万元的营收。"

按照这位学员之前的产品布局，一共可以完成 17 万元的营收，而且越做越难，越做越乏力。按照我给他做的产品布局，总共可以完成 130 万元的营收，而且越做越轻松，越做越有影响力。

所以，懂产品布局，跟不懂产品布局，结果完全不同。表面看是要不要多做一个产品的问题，但往深了看，是懂不懂产品布局和品牌势能经营的问题。

那到底如何在不同阶段分别做产品布局呢？我总结了 5 个要素，分别是：产品结构、推进节奏、用户情况、产品口碑和势能经营。

产品结构

布局产品时，你要看自己本身的产品结构，比如你现在只有一个会员产品，这时候就可以考虑做一个私教产品。又比如你只做了私教产品，这时候就可以考虑布局一个前端产品，构建产品矩阵。

推进节奏

推进节奏在整个产品布局中非常重要。根据推进节奏布局不同的产品，对打造个人品牌而言，要求很高。很多人都把握不好这个节奏，主要是受限于经验不足，经验多了，就明白这个推进节奏了。

用户情况

布局产品要考量自身的资源、能力与目标等，通过综合衡量，设计符合现阶段的产品。我帮学员布局产品时，很注意考量这些基础条件，因为有些产品，别人能做，不一定不适合你做，因为资源和能力不匹配。

产品口碑

产品的口碑很重要，整个产品体系各个产品之间都是息息相关的，私教产品做不好就会直接影响会员产品，同样会员产品做不好也会直接影响私教产品。一个产品口碑做好了，对下一次产品的推进，可以起到关键性的作用。

势能经营

对个人品牌理解得越深，越知道经营品牌势能对打造个人品牌的重要性。特别是当你要推广高端产品时，如果没有一定的品牌势能，推广就会变得很难。布局产品，要看你的势能经营情况，这决定了你要布局的产品以及产品的定价。

我给近百位学员做过产品布局，深知产品布局的重要性，以上 5 个要素是在做产品布局时要充分考虑的。

打造个人品牌是一个系统工程，你需要认识四种不同的产品类型，了解做产品整体规划的重要性，清楚什么时间布局什么产品，才能把自己的个人品牌经营得越来越好。

3.3 如何设计一堂高价值分享微课

打造个人品牌，最小化的产品应该就是一堂微课了，这也是我指导起步阶段的学员要设计的最小的产品形式。

你不要小看微课这个产品，它其实很重要，关乎你设计的整个知识产品体系。所有的知识体系，都是在微课的基础上诞生的。

就像我写书一样，我之所以能够持续写书，是因为我把最小化的因子——写好一篇新媒体文章做好了。为了提高这个能力，我在 3 年时间内每天都坚持写一篇长文，构建了非常强的竞争优势。

做好一堂微课，是每个人都要学会、学好、学透的一个重要板块。

◎ 做好高价值微课的三个阶段

什么才是高价值分享？我认为，所谓高价值分享，就是指分享的内容价值很高，能直接给听者带来改变或商业变现。

所以，不管是对内还是对外的微课，我都会考量其价值。如果课程内容价值比较低，我就会重新调整分享内容。长期以来我一直坚持这么做，受到很多学员的好评。

长期坚持高价值分享，可以帮你拥有很多愿意持续跟随你的铁粉用户。

设计高价值微课，需要经历以下三个阶段：复制、模仿、做出自己的特色。

第一阶段：复制

很多人做微课都是从复制开始的，包括复制别人微课的模式，复制别人的知识体系，乃至复制别人做产品的方式等。

复制是最快的起步方式，但如果只停留在这个阶段，很难做出自己的竞争优势。没有竞争优势，也就很难长久。

第二阶段：模仿

比第一阶段好一些的，就是模仿的阶段。无论是打造个人品牌，还是其他形式的创业，绝大多数人都停留在这个阶段。一个新的模式出来，就有很多人跟在后面模仿。

创新需要消耗的精力和心力更多，模仿的人远远多于创新的人。

无论是做微课，还是做产品，如果只是停留在这个阶段，你就很难做出自己的竞争优势。因为模仿这件事，每个人都会，形成不了差异化竞争优势。

第三阶段：做出自己的特色

你如果想比别人做得更好，就必须到达这个阶段：做出自己的特色。

那些做得好的 IP，我发现他们都能做出自己的味道和特色。比如李笑来、罗振宇、樊登、王一九、黄振宇、猫叔、秋叶大叔等，他们都展现出了自己独特的风格，能被他人深深地记住。

只有亲自走过这三个阶段，你的个人品牌才能层层进阶，特别是到了第三阶段，你的个人品牌才算真正到达一定高度，你也能到达一个轻松、自如的状态。

◎ 设计高价值微课的五个步骤

要设计好一堂高价值微课，需要遵循五个步骤，这些步骤也可以作为自我审核的重要标准。我用这五个步骤设计了自己的高价值微课，也用它们去指导身边的学员来打磨他们的微课。

认知

一堂高价值分享微课，一定要有认知升级的部分，就是你讲的内容得超出大部分人的认知。这样他们听了就会觉得你讲得很好，因为很多是他们不知道的。

我在设计微课时，通常都是讲自己践行的部分，通过深度践行，加深自己对这件事的理解和认识，然后再把这些深层次的理解分享出来，就会很有说服力和穿透力，也能带给学员新的认知。

好处

解决了痛点，就能给用户带来好处。学习某项新事物，你一定要让用户感受到学习的好处，这些好处越具体越好。

比如学习写作，原本学员认为只要能变现就可以，我会跟学员讲学习写作还可以记录生活，提升精练表达力，增强职场竞争力，还能放大个人影响力等。学员听完就会更加认真地学习，因为好处实在太多了。

讲清楚具体的好处，让用户认识到做这件事的多维度价值，可以大大提升用户的参与度。用户认真做了，自然会带来好的结果。

具体案例

一堂高价值微课不能只讲道理，还要有具体案例，因为案例本身有很大的说服力。我一般会用自己深度践行的案例，有时还会讲学员的成功案例。你自己做到了，还能帮助别人做到，这样的案例就很有说服力，能够吸引更多人跟随你学习。

讲具体案例的好处，就是让用户看到别人已经做到了，他努力去践行也可以做到。

可操作方法

除了案例，一堂高价值微课还要有可操作的方法。这些方法一定得可以直接落地执行，这对很多用户来说都很重要。这样听完他就知道具体怎么去践行了。

讲完案例，不要忘了讲可操作的方法，这对来听你的微课的人很重要。

具体执行步骤

讲完实操的方法，你还要列出来具体的执行步骤，讲清楚每一步是怎么做的。当你这样去讲，用户就清楚如何通过一步步执行达成自己的目标。

我在给学员做深度咨询时，就会跟他们一起规划具体路径，然后告诉他每一步应该怎么去做，这样学员就很清楚自己，要完成哪些事情，会获得什么样的结果。

掌握了以上五个步骤，再去评估你自己的微课的价值就相对容易了。

◎ 在实战中持续迭代微课内容

2021年底，我做了一场直播，分享了自己过去一年快速升级的三大核心。这场近 4 小时的公开直播被很多人评价为高价值演讲。

回顾 2018 年我做的第一场年度演讲，效果就没有这么好，就是因为当时我还没有掌握上面说的五个步骤，自己的认知也没打开，践行深度也还不够。

好的内容不是一下子就能设计出来的，而是需要不断优化迭代，在实战中完善内容体系。

也许你现在还做不出高价值的微课，或者还没有做得那么出色，没关系，不要着急。生命是一场自我修行，需要你持续自我超越，每天进步一点点，就是走在进阶的路上。

这一节的内容，对你未来构建整个知识体系都特别有帮助。做知识 IP，本质就是在做优质内容。而做好内容从做好一堂高价值微课开始，这就是在打地基，为你的个人品牌夯实基础。

3.4 如何设计一款爆款训练营产品

做好一堂高价值微课，是一个知识 IP 的基本功。那么接下来这款产品，就是每个打造个人品牌的人的必经之路，这个产品就是：训练营产品。

这一节重点讲如何设计一款爆款训练营产品，理解透彻，那做任何产品，你都能找到背后的规律。

◎ 为什么要做一款训练营产品

做知识 IP，无论处于哪个阶段，做一款训练营产品，都非常有必要。这个训练营可能做 14 天、21 天、抑或是 100 天，集中式训练，可以帮助学员实现比较大的突破，这就是训练营的直接好处。如果只是做社群分享，效果可能不会像训练营这么明显。

现在市面上很多产品，无论是年度会员产品，还是私教产品，最基础的模型都是训练营产品。

前几年，线上训练营非常流行，用户的参与意愿很高，我们当初做的写作训练营也是非常火爆。那时，拳头训练营产品每次都有上百人参与，另外我们还做了一些短期训练营，每一期都有上千人参与。

我体验过做训练营产品的好处，也体验过其他平台的训练营，感觉只要短期集中参与一次训练营，技能就可以获得很大的突破。

作为知识 IP，要打造个人品牌，就要考虑做好一款训练营产品，而且必须把它做透彻。

训练营产品是一切后端产品的起点，对每一个想打造个人品牌的人都非常重要，值得用心去做。

◎ 爆款训练营的四个关键要素

我是一个很幸运的人，因为赶上了知识付费的红利期。2014 年，还没有到知识付费元年，我就已经在线上教英语了，这为我开展在线教育培训打下了根基。

2017 年，我开始转型全职做自媒体，做写作付费专栏，同时尝试做付费社群，这些又为我后期做爆款训练营打下了基础。

2019 年，我开始着重做写作训练营，集中做为期 22 天的写作训练营，2020 年平台升级为线上合伙人模式，一下子就涌入近万名付费学员。好的产品，加上很好的人气，一下子把这个产品做出了很高的知名度和美誉度。

定价 499 元的训练营产品，每一期都能做到上百人，高峰时期做到近 200 人。这个训练营产品我们一直做了两年多，服务了 2000 名左右的付费学员。

我对爆款训练营做了总结，提炼出了爆款训练营的四大关键要素。

课程内容

课程内容是一个爆款训练营的基石，只有把内容做好，才能赢得学员的信任，这是学员对你专业能力的深度认可。

我当时就花了很多心思打磨课程，写作训练营为期22天，每天一堂课，每节课10～15分钟，进行集中式训练，学员每天都要听课，听完都有作业要完成。

内容的设计上，既可以让学员养成每天听课写作的习惯，还要层层递进，逐步加深，从简单到复杂，以帮助学员系统提升写作能力。

因此，课程内容是根本，有了这个基石，才能把产品长期做下去。

社群运营

有了好的课程内容，社群运营也非常重要，一个好的社群氛围，可以很好地促进学员听课以及完成每日作业。

我们平台做训练营时，既有大群的运营，也有小群分班的运营，小群每个班有15～20人。每个班除了辅导老师，还有点评导师、班级组长、学习委员、纪律委员等，做社群精细化运营。

除此之外，为了统一各个班的步调，我们还做了SOP（标准作业程序）流程，进行集中性的通知和推进，目的都是为了把社群运营做好。

所以，做爆款训练营，只是把课程内容做好，是远远不够的，还要特别重视社群和学员整体运营，这样才能把训练营口碑做好。

跟进学员

除了课程内容、社群运营，有一点是被很多做训练营的人严重忽略的，那就是：跟进学员。

大部分做训练营的人只是给学员私下发个通知，几乎没有私下的深度链接，只把用户当用户，这样很难赢得他们的深度认同，也很难让他们感受到训练营的温度。

我们平台的训练营，不仅有班级会议机制，还有专门的辅导老师和点评导师负责私下与学员的对接和沟通。辅导老师慰问和辅导学员，点评老师私下对学员的作业进行点评和推进。

学员被这样深度服务，当你再推出下一个产品时，他们就更愿意复购。

把跟进学员当作训练营重要战略来做，你就会发现，训练营本身不再只是一个产品，而是有温度、有情感的深度链接圈子。这样的圈子，很多人是愿意长期浸泡和跟随的。

人群基数

做训练营产品，人群基数很重要，如果一个社群人数太少，就很难把氛围调动起来，除非学员彼此之间已经很熟悉了。相对而言，有一定人群基数，可以更好地带动社群氛围。

我们平台做 22 天写作训练营，一般至少要推到 100 人，我在指导学员做训练营时，通常也会让他们做到 50 人以上，这样社群的学习氛围就会比较好。氛围好，就有利于社群推进，学员听课，完成作业，以及参与互动等。

做一个长期的爆款训练营，这四大要素缺一不可。

◎ 做好一个爆款训练营的四个核心步骤

要做好一个爆款训练营，需要遵循一定的步骤，我总结为四个核心步骤：第一步，找到需求痛点，搭建课程体系；第二步，设置好社群运营模式；第三步，集中精力推广招募学员；第四步，持续迭代升级。

下面我将结合自己做的训练营案例，为你深度拆解这四个核心步骤。

找到需求和痛点，搭建课程体系

写作能力对于很多人来说，都是一种底层能力。

我发现，很多人之所以想提高写作能力，是因为想做好自己的公众号，然后通过长期经营公众号，做出自己的个人品牌，再通过后端产品做商业变现。

他们的问题在于不知道怎么写，也不知道怎么写出阅读量，不知道如何持续输出优质内容等。根据他们的需求和痛点，我设计了"皮特22天写作训练营"，22天时间，7大模块，22堂系统实战课程，每天一堂课。通过听课和练习，让他们夯实写作的信心，掌握写作的逻辑，提升写作系统能力，助力他们经营好公众号。7大模块分别是：写作认知模块、观点打磨模块、框架思维模块、血肉填充模块、写稿改稿模块、刻意练习模块和写作变现模块。

设置好社群运营模式

训练营，课程内容本身是基石，除此之外，还要增强学员之间的交流与互动。为了更好地运营"皮特22天写作训练营"，我们规定每天的作业打卡要发到群里，有专门的点评导师负责点评，这样学员能看到其他人的作业，有助于他们完成作业。

除此之外，我们还设置了班级群，每个班级群都有辅导老师、班长和学习委员，协同推进学员完成每天的作业。个别学员，辅导老师还会私下发信息，继续推进其完成作业。我们还做了一个动作，也是很多训练营不做的，就是点评老师保持跟学员的私下互动，助力学员把作业完成得更好。

每一期训练营都会有开营和结营仪式。开营仪式作为训练营正式启动的环节，会发布一些重要通知，让学员做好听课和打卡的准备。结营仪式上，我们会发布每期的作业统计情况，还会公布最后一份大作业的结果，排名前十的学员都会有荣誉实体奖状证书，另外，排名前三的学员还会有现金奖励。每一次结营仪式，我们都会做得特别热闹，做好收尾，以给学员留下深刻的印象。

总之，我们的训练营除了做好内容，还会把运营做得很细致，让学员感受到价值，还有团队协作力和凝聚力。

集中精力推广招募学员

这一步对我们招募训练营学员很重要。注意，我这里说的是集中精力推广招募学员。

在做这项工作时，我们除了会利用自身公众号、朋友圈、社群等进行推广，还会号召老学员参与进来一起做推广。

海报由专业设计师进行设计，我们会给参与推广的老学员一定福利作为奖励。

通常，启动下一期训练营前的两周时间内，我们会集中精力进行推广。有时候，还会做推广营销的启动会，号召团队成员，以及平台学员，一起来推荐产品。

这样既可以增加报名人数和营收，还可以增强学员对我们产品的信心。用心做推广，推进产品的势能，把它长期做下去。

持续迭代升级

我们在做"皮特22天写作训练营"这个训练营产品的两年多时间里，产品内容与运营流程和细节都迭代了好多次，我们还专门组建了运营团队，培养出来的点评导师就有上百位。

每一期训练营结束，我们都会收集学员的反馈建议，同时还会召集团队复盘，以提升下一期训练营运营的细节，增强训练营本身的价值、链接和温度。

为了做好这个爆款训练营，我们付出的时间、精力以及金钱的各种资源，都是非常多的，但我觉得很值。因为通过做这个训练营，我们赢得了用户的口碑，也做出了品牌影响力。

持续迭代升级，是打磨每一个产品的必经之路。

训练营是最基础的产品，每一个致力于打造个人品牌的人，都要学会做好训练营，为自己累积做知识付费产品的经验。这对你未来做中高端产品会起到非常大的帮助作用。

3.5 如何设计年度会员和年度私教产品

作为个人品牌专家，除了要学会打磨高价值微课、做好训练营产品，接下来的两款产品，也是你必须要学会做的，它们是个人品牌进阶的必经之路。

如果说打磨高价值微课是基础，做好训练营产品是基石，那么年度会员和年度私教产品就是中流砥柱，可以为你的营收和品牌势能创造多维度价值。

这一节会重点分析和阐述这两款产品，助力你深入了解整个产品体系，学会打磨这两款产品。

◎ 年度会员和年度私教产品有什么区别

年度会员跟年度私教产品两者最大的区别就是：年度会员产品交付内容，而年度私教产品交付结果。

年度会员产品要交付课程内容，跟训练营产品有点像，只是会员产品时间周期更长。另外，年度会员产品可以长期分享跟主题相关的内容，同时还可以邀请社群的优质学员和外部嘉宾，做对应主题的高价值分享。

年度私教产品要交付结果，除了交付内容本身，还要手把手带学员实操，帮助他们通过内容和方法达到学习的目标。这个交付更加需要你的专业能力、咨询能力和耐心，比年度会员产品交付的重很多。

下面以我的一位学员的案例进行分析。我有一位私教学员是做亲子阅读的，在指导她时，我们先建议她布局了一个私教产品，把私教产品做出一定的口碑后，再次帮她推进了年度会员产品，定价200元。这个产品第一次发售就招募到60多人，后来做到了100多人。

我在给她讲如何交付年度会员产品时，就谈到了交付内容这个关键点：第一，要打磨出亲子阅读体系的课程，来交付内容；第二，每周做一次关于自身成长，以及怎么带学员的心得，来交付内容；第三，安排社群的优秀妈妈，每月做一次社群主题分享，继续交付优质内容；第四，每月做一场内部答疑，解决妈妈们学习过程中的问题。这样做交付，这个优质的亲子阅读社群就提供了很好的内容服务，这就是在为年度会员产品做交付。这就是交付内容。

那么什么是交付结果呢？亲子阅读专家在年度会员群里讲了具体的系列课程，但很多妈妈听了之后还是不知道如何落地，有时是清晰的，但因为拖延、忙碌等原因，无法把学到的东西落地。这时候就需要一位教练，私下去推动她把这些方法和思维运用到亲子阅读中去。这样私教的效果就出来了，你帮助学员完成了落地，获得了改变，就完成了结果的交付。

请记住这句话：年度会员产品交付内容，年度私教产品交付结果。

◎ 年度会员产品应该怎么交付

年度会员产品重点在于交付内容，围绕这个目的设置一些具体权益，来配套产品的运营。

我主要从三个层面分析年度会员产品，分别是：人数要求、具体定价和核心权益。

人数要求

做年度会员产品，需要有基础的人数要求，如果达不到，就不要轻易启动。

我在指导学员时，通常要求他们至少要做到100人，如果少于100人，特别是低于50人，就很难把社群做出口碑。

简单算一笔账，你就知道了。假设这个社群，每人收费200元，招募50人那营收就是10000元。有人可能会说，10000元的营收也很不错，但别忘了这个社群你需要服务一整年时间，而且全年都需要做整体运营。

人数少、收费低的社群，氛围不好，用户通常也不够重视，这样你很难把社群运营好，运营不好就会损坏产品的口碑，这对你后端的产品推进，会产生连带影响。

所以做年度会员产品，一定要保证一定人数基数，这样社群才运营得起来，同时也能做好社群的交付，形成比较好的口碑。

具体定价

我在指导学员特别是处于打造个人品牌初始阶段的学员时，如果他们是第一次推年度会员产品，通常我会建议把定价定在 200 ～ 999 元的区间内。

如果学员本身有一定的基础，而且做过会员产品，我通常会根据学员的情况辅助其定价。比如我的一位私教学员，她的会员产品我建议直接定价 2980 元，因为她个人比较有实力。

所以，定价需要根据你自身的情况来，比如你的专业基础、行业经验、品牌势能、资源能力等。如果各方面条件都比较好，定价可以高一些，如果是刚开始做，可以从几百元开始，把基础打好，做好前端产品的承接。

核心权益

做好年度会员产品，要提供几项核心权益，我总结了三项必备的核心权益，其他权益你可以根据自己的情况对应进行补充。

第一，内容交付。包括专业领域系列课程，每周一次的社群内部分享，以及邀请嘉宾每月做一次社群分享。做好这三项内容交付，就可以做好社群内容。

第二，优质圈子。做一个年度会员社群，有吸引力的一点就是，你提供了一个细分领域的优质圈子，这也是你的核心权益。比如那位做亲子阅读的私教学员，她就提供了一个很好的亲子阅读圈子，里面都是宝妈，很多宝妈都是因为喜欢她这个圈子才选择报名加入的。

第三，分享答疑。社群答疑和直播答疑也很有吸引力，可以作为一项核心权益来做。比如，每月做一次直播答疑，统一时间解答学员的问题，这样可以跟学员进行互动。如果你的年度会员产品价格比较高，还可以提供一次一对一私下咨询服务。

做好这三项核心权益，你就可以把产品的口碑做起来了。不过我不建议把产品交付做得太重，适当即可，这样私教产品就会有更大的发挥余地。

◎ 年度私教产品应该怎么交付

年度私教产品的重点在于交付结果，围绕交付结果，可以设置一些具体权益，来配套你对产品的运营。

以下我也主要从三个层面来分析这个产品，分别是：人数要求、具体定价和核心权益。

人数要求

不同于年度会员产品，年度私教产品不需要一次性招募太多人，我通常会控制在 10 ～ 15 人。

因为年度私教产品需要你一对一进行个性化辅导，招的人太多，服务可能会跟不上来。同时，招的人数也不能太少，比如一次只招 3 个人就太少了，这样年度私教产品用户社群的氛围也会比较冷清。

我招募年度私教产品学员时，非常重视人员的选择，因为私教产品用户要长期带，我们要为学员的学习结果负责，同时也为自己的口碑负责。对私教学员，我有三个重要考量维度。

第一，价值观同频。就是价值观理念跟你差不多，或者比较一致，如果价值观不同频，后期带起来会非常累。另外，价值观不同频，用户也不会长期选择跟随你，要优先选择能长期跟随你的私教学员。

第二，非常信任你。学员非常了解你的内容，因为信任你才过来跟你深入学习的。学员信任你，在后面教学和咨询的过程中，你们的沟通障碍就会减少，你讲的内容和方法学员可以快速吸收并执行，这样的学员带起来也比较轻松。

第三，执行力比较强。如果学员需要你反复推进，带起来就会很累，还很消耗你的能量。我就遇到过执行力很弱的私教学员，后来直接劝退了。

做到后期，我对私教学员的要求就更高了，比如我会要求学员有比较强的专业基础，能达到一定的收入标准，有比较强的进取心等。

对于一些学员，如果你不确定是否合适，可以设置一个体验期，比如一个月，通过体验期再进行双向选择，这样对双方都更好。

带私教学员不仅要注重数量，更要注重质量。每一个带私教学员的人，都希望学员能跟自己更长的时间，学习更加深入，以及取得更好的成绩。

具体定价

年度私教产品的定价，根据每个人的专业定位领域、专业功底、品牌势能，以及招募的人数等来确定。

产品定价是个战略问题，我开始做私教会员时收费标准是 2 万元 / 人。随着全方位升级的进行，我的每一期私教产品都会涨价，现在已经做到了六位数的定价。

如果你刚开始做，可以定价在 5000 ～ 10000 元之间。如果你专业很强，又有一定的用户积累，可以定价在 19800 ～ 39800元之间。

不同人不同领域，在不同阶段，定价都会有所不同，记住，定价的高低决定了你目标用户人群的质量。

核心权益

做好年度私教产品，要提供四项必备的核心权益，其他方面的权益你可以根据自己的情况对应补充。

第一，私人定制方案。私教产品要交付结果，需要针对学员的情况给出具体的定制成长方案。我为私教学员定制方案时，还会专门安排一天的线下咨询，梳理其品牌进阶方案。除此之外，我还在线上定期梳理私教学员的落地方案，以帮助学员完成下一个阶段的推进任务。

第二，深度咨询服务。价格比较高的私教产品，一般我会安排定期的线上和线下咨询服务，还会为学员设置专属私教服务小群，整个团队都深度服务他。比如要推进一个活动，我们会在专属服务群跟学员沟通，为学员出谋划策，辅助其执行，帮助其达成目标。事后，我们还会带学员做复盘，为下一次活动做准备等。

第三，高价值定制化课程。针对私教产品学员，除了一对一讲课，我还会根据他们所处的阶段，做定制化的课程。每半年，我还会提供一次线下两天一夜的密训课，这些定制化的课程价值非常高。

第四，高能量深度圈子。给私教产品的学员提供一个高能量深度圈子，非常有利于他们的成长。选择学员时，我会非常严格，但进到这个私教小圈子内，你可以很好地积累深度人脉。

做好这四项核心权益，你就可以把这个产品的口碑做起来了。年度私教产品，要用心做，沉下心做，时间越长，不仅有助于自身经验的积累，教学相长，你自己的进步也会非常快。

◎ 如何同时做好年度会员和年度私教产品

作为品牌专家，能够同时把这两个产品做好非常重要。那么这两个产品到底如何做配合呢？这里我给三点建议。

做好两款产品的核心交付

产品的核心交付非常重要。年度会员产品做好内容交付，年度私教产品做好结果交付，聚焦到核心交付，就不会走弯路。

运营年度会员社群时，要做出好的内容，同时每周安排自己的分享，让别人也看得见你的改变。每月做一次系统答疑，解决学员当下的疑问。每月安排一次嘉宾分享，给这些嘉宾舞台，进一步赋能社群的学员。

对年度私教产品的学员，要做好咨询服务，给他们提供定制化的方案，让学员感受到你一直在跟进他、关注他、推进他，帮助他成长和突破。同时还要做出定制化内容，跟学员做分享，不同阶段提供不同价值。

把控好核心交付，就可以赢得用户的口碑，也能让你把这两款核心产品做长久。

用年度私教学员促进会员用户

用少数人影响更多人，是我一直使用的法则。把年度私教学员打造成成功案例，让他们去影响会员用户。会员用户看到榜样，自然会更用心地跟随。

我会安排年度私教学员在社群给会员们做分享，并且自己也会分享他们的成功故事定期做直播，以此激励其他会员持续不断进步。

用少数人去影响更多人，深度服务10%的学员，让他们去影响其他90%的学员，这样你就可以同时做好这两款产品了。

持续推广这两款核心产品

一款产品能够做好，除了本身做好交付，还要持续进行推广。比如，年度会员产品持续进行推广，不断吸纳新学员，可以更好地促进产品成长迭代。另外，还要一期一期持续做，把产品做出更好的影响力，做成拳头产品，这样就会更有竞争优势。

对于年度私教产品，要定期进行招募。我自己的年度私教产品，每年会正式招募两次，但会持续推广这个产品，让更多人体验。

做好这两款核心产品，对每一个打造个人品牌的人，都非常重要。要设计好这两款产品，让它们成为你的核心竞争力。

第 四 章 产品发售：

把产品发售当作个人品牌核武器

4.1　人人都要学会做产品发售

要打造个人品牌，做好产品发售是必备的环节，每个人都要学会做产品发售。

我也经历了一个学习的过程，刚开始以为产品发售就是集中力量卖产品，后来经过系统学习我才认识到一次产品发售可以带来多维度的升级。

在我看来，每一次产品发售都是一次生命修行，也是我来历练自己和团队的重要方式。

◉　做好一场产品发售的 5 点好处

做好一场产品发售，可以带来 5 点好处，每一点都非常重要。

提升品牌势能

好的产品发售活动，可以很好地提升品牌势能。原因非常简单，就是大规模的发售会引起很多人关注，关注本身就是外部势能的增长。

我之前做过一场 12 小时直播，发售一个私教产品，前期做了近 20 天宣传。直播时，很多老学员都进了直播间，甚至我的亲朋好友都在关注这场活动。

助力产品成交

如果不做专门的产品发售活动，只是平时进行推广，用户基数一般的人很难达成产品的大规模成交。

整个微信生态，如果仅靠朋友圈或者公众号可能都触达不了用户，而一场产品发售活动，会在整个微信生态系统内滚动传播，除了朋友圈、公众号，还有视频号甚至一对一私信。这样多维度的触达，持续滚动和推进，就会引起用户的注意，进而关注你的发售活动。

用户关注到你的发售活动，会更有利于产品的成交，特别是在产品正式发售期间，也许可以达到规模性成交。

增强理解和信任

做产品发售，很重要的就是，让你的用户重新认识你和你的产品，以及你现阶段和未来要做的事情。

这点很重要的，如果用户对这些都不清楚，就很难购买你的产品。你需要通过这样的活动去跟用户分享，增加他们对你的信任和支持。

一次产品发售也是一次自我宣传的机会。每次发售活动，我都会讲我是谁，做了哪些产品和事情，以及未来的一些规划等。这样就非常有利于用户增加对我的理解和信任，推广产品时就能提高成交比例，即使这次达不到，后面也还有机会。

增加自身流量

做一次产品发售，既能够增强品牌势能、助力成交、增加用户为我们的理解和信任，还能增加我们自身的流量。

我的每一次重要产品发售，都会组建社群。通过社群，形成流量裂变，会有不少新的用户进来，把这些用户添加到我的私域微信里，这就等于增加了私域流量。

不仅如此，当下通过直播发售做得多一些，产品发售期间，还能增加公众号和视频号的流量，引发更多人的关注，这也是在增加你的公域流量，有一天也会进入你的私域。

每次产品发售都是一次引流和扩流的机会，要利用好这样的机会，实现流量增长，筑牢自己的私域流量基础。

完善内容体系

每次发售，也是一次很好的梳理自己知识体系的机会。我的每次线下课，以及线上的大型活动和发售，都是我的内容体系迭代的关键节点。我通过这样的机会完善自身内容，呈现自己的专业实战功底和知识体系。

做好一场产品发售，对每个想要打造个人品牌的人都非常重要，希望你能借助这样的机会，实现以上 5 个方面的进阶。

◎ 做产品发售的时机

有人曾经问我什么时候做产品发售比较好，我的回答是：

"任何时间点都可以，只要你下定决心，就能启动。"你可能不大明白其中的逻辑，下面我来解释一下。

刚开始打造个人品牌时，我们需要完成从 0 到 1 的突破，这时候，找到定位，规划好第一个产品，就可以开始筹备发售了。

很多人刚开始筹备发售时，因为恐惧情绪，迟迟不敢开始。我带学员就会先确定他的产品发售的时间点。时间一旦确定，就等于按了确定按钮，接下来考虑的就不是要不要发售，而是如何做好这一场发售，考虑问题的角度就不一样了。

打造个人品牌，一定要清楚自己所处的阶段，到了需要发售对应阶段的产品的时候，你就要定下心和时间点，接下来，就是好好筹备发售活动了。

◎ 产品发售最大的阻碍

产品发售，对很多人来说都是个大事件，一次好的发售活动，其影响力是非常大的。

我在实践中发现，很多人做产品发售，遇到的最大阻碍都是来自内心：恐惧和担心。恐惧发售做不好，担心产品发售收不到预期的效果。

我指导学员发售时，一半是指导他们方法，另外一半是为学员做心理辅导，帮助他们破除心中的恐惧，给他们信心和力量，让他们尽量少受恐惧和担心的影响，做好产品发售。

记住，每一次产品发售都是内心的一次重要修炼。定了目标，就不要太关注目标本身，而是要尽心尽力做好发售活动。少了担心，做起来就放松，做出来的结果也会更好。

4.2 **做好一场产品发售的五个阶段**

意识到产品发售的重要性，你一定特别想知道，发售有哪些重要的环节，以及到底应该怎么去做。

我记得我第一次做 12 小时直播时，还不懂什么叫发售系统，只是单纯做了一场直播来推广产品，很显然，这么做效果不怎么好，因为少了发售的整体布局。就像做一场很有仪式感的线下活动，如果没有系统准备，只是为了做而做，很难有好的结果。

我总结了产品发售的五个重要阶段，它们分别是：准备期、预热期、裂变期、发售期和追销期。

⊙ **准备期：提前做好充分准备**

一场重要的产品发售，要准备的东西很多，如果想把发售做好时，准备工作必须得充分，这样才能更好地达到发售预期。

下面我拿一场 12 小时直播这样的大型产品发售事件举例，讲解准备期的重要性和细致性。

海报制作准备

准备期很重要的一环，就是海报的制作，因为在整个发售动作中，要做持续的宣传和势能推进。以下罗列出一些 12 小时直播需要准备的海报：

直播入群海报

电子书福利海报

直播间海报

直播全流程海报

直播倒计时海报

预约直播海报

预约福利海报

抽奖金和福利海报

学员见证海报

嘉宾连麦大海报

超级 IP 连麦海报

大事件官宣海报

工作组人员海报

产品权益海报

产品宣传海报

……

加总起来需要准备的海报有几十张，可想而知，仅仅海报制作准备，就是很大的工作量，需要专门的海报设计师和团队配合。

短视频内容准备

短视频内容的准备有三方面：

> 个人故事短片
> 学员见证短视频若干条
> 专业内容视频若干条

个人故事短片是我在 12 小时直播开始的前两周拍摄的。一条近 5 分钟的故事短片，拍摄了整整一天，后期剪辑和校对花了 3 天，这条个人故事短片到成片共花了 4 天。

尽管如此，个人故事短片的准备工作还是非常值得做的，在直播开始前，它能起到非常好的势能推进作用，我在拍摄的过程中梳理了自己的个人品牌历程和知识体系，对我也非常有帮助。

另外，还要邀请一些学员帮我们录制了见证视频，回顾他们在我的长期指导下，获得的成长和进阶，作为宣传产品发售的短视频物料。

最后，还要配套专业内容视频，来呈现我的专业知识体系，以便让参与这次大件事的用户了解进而认可我的专业功底和实战经验。

公众号文章内容准备

除了海报和短视频的准备，公众号上也要准备文章内容，进一步来推进产品的发售。

第一，要准备一篇个人品牌故事文。这是让用户充分了解你的一篇文章，所以你需要细化地去呈现你的个人成长故事，让大家看到你一路的改变。

第二，要准备学员的成功案例文。成功案例是很好的宣传素材，特别是好的成功案例文，对于产品发售有非常好的助推作用。你的用户说你好，比你单纯说自己好，威力更大，说服力更强。

我在准备最近一次 12 小时直播时，就在公众号上重新迭代了个人品牌故事文，这是我第三次迭代个人品牌故事文了，融合了我最近的一些成长改变，让学员看到我又一次的生命进阶。

另外，我还在公众号上更新了 5 篇学员的成功案例文，让用户看到我一直在认真地带学员出结果，这对于产品发售会有很大的帮助。

一次产品发售，用户不仅看你的能力和势能，还会看你的学员的成长和势能，也就是你的成功案例。所以，这两方面的文章准备都是很重要的。

预热直播内容和正式直播内容

一场大事件直播，除了要有正式的直播内容，前期还要准备预热直播内容。

这两方面的内容准备非常关键，因为很多人来听直播都是奔着直播的主题和内容来的。而且，设计预热直播内容和正式直播内容时，需要很好地把它们关联起来，不能彼此独立的。

比如预热直播时，可以邀请优秀学员分享自己的成长改变与获得的成绩，到了正式直播，加上超级成功案例分享，以及大咖嘉宾助推和自己的专业和实战经验总结，就会有一个非常好的内容呈现。

梳理产品权益和写好一封销售信

一场大事件直播，最终是为了推广产品，除了提供价值，还要准备两方面的内容，一是梳理产品权益，二是写好一封销售信。

梳理产品权益，是为了提炼产品的核心价值，让产品价值感更高，对用户更具吸引力。而写好一封销售信，是成交的关键，最好能让用户读了你的销售信就有购买的欲望。

这两方面的准备都有利于产品的成交，而且这两者是一体的，销售信中就有产品的核心权益。一封好的销售信，就是成交前的最后一公里，需要提前认真准备。

工作组人员的招募

产品发售还有一项很重要的准备，就是工作组人员的招募。工作组主要负责直播的社群文字同步，以及直播间文字同步和点赞互动等。他们既是这次大事件的参与者和协作者，同时还可能是产品发售的精准用户。对工作组人员的运营、培训和赋能非常重要，他们在发售中，承担着非常关键的职责。

除了以上六项准备工作，我们还需要梳理自己的私域资源，筹备微信群，做发售时的礼物，以及准备直播间的福利等。

一次好的大事件直播，准备阶段需要下很多功夫，准备期做好了，发售的结果自然也不会太差。反之，不仅会影响直播的效果，还会影响后期的成交和用户的信任。

既然想做一场产品发售，就要用心准备，把准备的事情做细致。

◎ 预热期：造势让用户响应你

准备期的工作可以配合预热期一起做。预热期很重要的一件事就是，让用户注意到你做的事情，并且让他们重视这场发售活动。

在这个注意力超级稀缺的时代，很多人的注意力都是非常分散的，如果没有提醒，他们可能根本注意不到你的直播活动。

这时，预热造势就非常重要，你要告知用户，你将要做一场什么活动，大概有多少人参与，请了哪些优秀嘉宾，会送哪些精美礼品，分享哪些核心内容等。

你需要通过各个维度触达他们，让他们关注你做的大事件。这样不仅可以引起他们的注意，还会让他们非常重视你的这场活动。一旦用户给予重视,他们就会专门抽时间来听你的整场直播,对后期的成交是非常有利的。

要想达到预热的效果,你需要在社群、朋友圈、公众号和视频号的整个微信生态持续进行推进,包括一对一私信触达,以此让用户感受到这场活动的重要性,也是在暗示他,他需要非常重视,并且要花时间用心参与。

你要记住,在预热期要让你的用户彻底响应你,所以你需要造势,这样用户才会把注意力放到你身上。用户越是关注你,越是重视你的活动,参与得就越深。

◉ 裂变期:增加你的用户基数

直播准备期有一项重要任务,就是盘点你的私域资源,通过盘点基础用户,弄清楚自己原有的私域基础,以及通过活动大概能裂变出多少新用户。

一次产品发售势能推进活动,对很多人来说,就是一次增加私域流量非常好的机会。不要只是为了成交,而忽略了活动本身带来的私域流量增长,这可以为你的下一次活动和长期的个人品牌打造做准备。

比如,我的 12 小时直播大事件,会通过赠送最新电子书和密训课程的方式进行私域裂变,邀请 3 人入群,就可以获得 3 天的密训课程和最新电子书。

这种简单的用户裂变设置,可以吸引不少人邀请身边朋友入群。这些新用户入群可以增加你这次活动的参与人数,同时也会增加你自己的私域基数。

除此之外，我们还要做直播间人数预约，有些人不一定会进社群，但会看直播，如果觉得你讲得好，他可能会多听一会儿。

设计好跟入群相同的裂变模式，让更多人预约你的直播，等到正式直播时，就能大大提高你的场观人数。

当然，你也可以通过直播间带动私域流量增长，直播时引导观众加入你的直播社群，以获取整场大事件直播的逐字稿，这就进一步带动了私域流量的增长。

这里，要补充一点，如何把社群的私域导入微信的私域呢？其实方法非常简单，你可以直接赠送高价值电子书，添加你的微信就可以领取，或者直播结束后，准备一次高价值社群私密复盘，添加你的微信就能入群参与。这样你就可以一边做活动，一边增长私域流量。

记住，在裂变期，不要只是盯着已有的流量，同时也要思考如何增长新的流量，为下一次活动做准备，这就是持续积累的过程。每一次产品发售，都是在为你增加新的流量，为你的个人品牌赋能。

⭕ 发售期：聚焦一处全力发售

在发售期，记住，最核心的一点就是聚焦一处全力发售，不要把太多注意力放在其他地方，也不要过多担心。

有些人在发售期时有很多的顾虑和担心，担心没有人买单，担心没有多少人坚持听，担心介绍产品时观众都跑掉了，等等。其实，这些担心都是多余的，你该准备的都已经准备好了，该预热的都已经预热好了，要学会把这些担心都放下。这时你只需要做好一件事，就是好好讲你的内容，好好介绍你的产品，保持好的直播状态，尽人事听天命即可。

我在指导学员发售时，通常会建议聚焦发售一款产品，这样更能集中注意力，聚焦一处，把优势放大，带来更好的结果。当然，我也看到过一些超级 IP 做发售会选择两款产品一起发售，这样有一个产品梯度，高单价产品接不住的流量可以转化到低单价的产品中去，实现价值最大化。不过对影响力不大的人，我还是比较建议聚焦一款产品发售，这样可以减少注意力的分散，更容易把一个产品讲透彻，取得更好的销售成绩。

另外，发售期有几个重要的时间节点要控制好，比如一场 12 小时直播，就意味着有 12 个小时，这就是一次发售的时间周期。那么你就要把控好这 12 个小时，比如可以分 4 个节点，分别是前 1 小时、前 3 小时、前 6 小时，以及最后 2 小时。要在不同的节点设计不同的分享内容，同时做好产品的多维度介绍，以达成发售目标。

在发售产品时，一定要自信，对产品要非常有信心，提前多次演练介绍产品的话术，让用户感觉到你对自己产品的熟悉和信心，这可以大大提升销量。

一次好的产品发售，不仅可以给你带来营收，还可以大大提升你的个人影响力。

◎ 追销期：把你的能量发挥尽

发售结束了，很多人以为就到此为止了，其实并没有，还要有追销，因为你的能量并没有全部用完，你要通过一次发售，把能量发挥尽。

我指导学员做发售时，等发售结束我会让他继续在社群进行文字分享，同时在朋友圈进行文案推进，并且还要私下一对一跟进追销。比如一场 12 小时直播完，还要做两天的直播，继续用直播来进行追销。大事件发售一年也就做两三次，每一次你都要把能量发挥尽，这样才能为这次发售画上完美的句号。

那到底如何进一步追销呢？以下我将从五个维度介绍追销的方式。

朋友圈追销

做好朋友圈布局，继续推进你销售的产品，可以采用涨价和报名倒计时等推进。朋友圈的追销可以带动用户持续关注你，同时还能直接带来私下咨询和额外的销售。

社群追销

直播结束后，不要放弃社群的继续追销，你可以在社群继续分享，同时邀请身边的优秀学员在社群分享，继续推荐你的产品。多几次分享，多几次追销，就能为你带来持续的销量。

公众号追销

直播结束后，你可以在公众号上写复盘文，通过复盘文再次追销你的产品。因为直播刚结束，用户会很关注你的复盘，这时，你的复盘文就是很好的追销工具。把复盘文发到朋友圈和社群，多维度触达用户，让用户阅读并采取行动。

直播追销

一场大事件直播后，可以再加 2 ～ 3 场直播，分享不同的主题，比如复盘这次大事件，或者让工作组分享参与心得等，通过直播再做一次追销，让那些潜在用户继续购买你的产品。

一对一私信追销

这种追销方式是被很多人忽略的，其实通过私信触达，会更加精准和直接。对于精准用户，也可以打电话一对一沟通，重点推荐你的产品。高单价产品一对一私信追销真的非常有必要，这可以进一步打消用户的顾虑。

通过追销，把你的能量发挥尽，这样既提升了销售额，还增强了影响力，追销是整个发售闭环中，不可或缺的部分。

最后，总结一下做好产品发售的五个阶段：准备期、预热期、裂变期、发售期和追销期，做好每一步，让你的发售形成一个超级强大的系统。

4.3 做好一场产品发售的三个步骤

要把一场产品发售做好，除了要花心思，更重要的是精心准备。只有充分准备，才能把发售做得足够好。

首先进行内部发售，而不是直接进入外部发售。如果内部发售符合我的预估，我就会进一步推进外部发售。反之，我就继续储备势能，过一段时间再做产品发售。

所以，一次产品发售就是一次决策，是你品牌势能推进路上的一次里程碑事件，不要想当然去做，而是认真思考每一次发售，让每一次发售都可以增强你的个人品牌势能。

我亲自做过很多次产品发售，也私下指导过几十位学员做发售，积累了不少经验。在这一节中，我想跟你分享做好一场产品发售的三个步骤。

◎ 制定一场产品发售的规划

做一场产品发售，最关键的是做好规划。如果没有系统的规划，只是随意做，发售就很难产生非常好的结果。

明确产品发售目的

做一场产品发售，首先要明确其目的，知道这一场发售到底要发售什么产品，这是根本性的问题。

我在 2022 年做过一次大型发售，目标非常明确，就是推广 1 对 1 私教产品，所以所有的精力都是围绕这一款产品做准备的。这样做的好处就是，你有一个明确的方向，就可以减少注意力和精力的分散，更容易把这一款产品推广成功。

聚焦推广一款产品

有学员问我："到底是一次发售一款产品好，还是一次发售两款产品好呢？"

我的建议是，聚焦推广一款产品。

有些IP为了一次活动想要做出更好的业绩，会同时推广几款产品。作为知识IP，如果你推广的是知识付费类的产品，我的建议是，集中精力推广一款产品。

这样可以减少注意力损耗，更容易把一款产品卖好，也不用担心流量会流失，或者因为只发售一款产品而少了营收，越是聚焦，结果就越好。

制定产品发售流程

清晰了要聚焦推广哪一款产品后，接下来要做的就是，制定产品发售流程。知道先做什么，然后再做什么。

我在做产品发售时，就会先制定一套流程，知道一共要做哪几个重要步骤，然后弄清楚具体的先后顺序，确定这个，我就可以去逐步执行了。

如果你是做产品发售的新手，就要把这些步骤都写下来，然后反复琢磨，整理其顺序，最后再做执行。

制定产品发售流程，就是准备期做的事情，做好这个事情，就能事半功倍。

◎ 产品发售先从内部做预售

做好一场产品发售，到底从哪一步开始呢？

我的答案是：从内部预售开始。

理由很简单，如果内部的人都无法接受你的产品，那么外部发售就会很难开展。

思考一个问题：一场发售，原本你要招募20个人，结果在内部发售时，只招募到了2个人，这种情况下如果进行外部发售就有很大的风险，也就很难达到你的招募目标。

因为内部用户是最支持和信任你的人，如果连他们都不支持你的话，你的这一次发售就很难取得理想的成绩。

我在做大型发售前首先会做内测，就是在内部先启动发售，看内部销售的数量。如果销售数据不错，再自然过渡到外部的发售。

内部预售做得好，也会大大增强你的信心，对外部发售起到推动作用。

对于一场发售来说，内部预售的好坏决定了整场发售的导向。

有一次我指导一位学员做发售，先让他做内部发售，在社群内发售自己的新产品。然而社群分享结束后，他发现，结果并不是太好，只有少量的人报名。这一次他的发售目标是30人，内部预售还不到1/4，我就建议他停止外部发售，积累一段时间再做新产品发售，先服务好已有的学员，做好口碑和势能。

所以，做发售，不是浩浩荡荡做一次大的活动，而是精心准备的大事件。如果你盲目去做，既可能损坏自己的口碑，还会拉低自己的信心和势能，同时还不一定能达成目标。

凡事要做好准备，做好预判，知道这一场发售结束大致能达到什么样的结果，而且要符合你的预估。这样做发售，对你来说是非常有利的，同时也是在多维度升级自己。

记住，做发售，一定要从内部预售开始。做好了内部发售，外部发售就会变得更加轻松。

⊙ 集中精力做好一次外部发售

一次外部发售，不仅要做很多准备，而且需要消耗很多能量。很多打造个人品牌的人，在发售产品时，会非常恐惧，同时会感觉很有压力。

我在做一场重要发售时，通常会提前一个月做准备。之所以准备这么长时间，最核心的原因就是，让自己更有信心做好一次外部发售。

那么，如何做好一次外部发售呢？这里我分享四个关键点。

储备心理势能

很多人做产品发售，最大的障碍来自内心的压力和恐惧。

恐惧是担心自己做不好，会影响口碑。

另一方面是压力，发售时间越是临近，压力越大，特别是离外部发售启动只有一两天时，压力会到达顶点。

作为一个 IP，储备心理势能特别重要，这会大大增强你做事的信心，同时也会舒缓你做事的压力。

所以，做产品发售，不仅要通过造势构建外部势能，更重要的是，要储备内在势能，增强自己做这件事的信心。

做好 SOP 流程推进

我在指导学员做发售时，会提供标准化的 SOP 流程，让学员按照流程去准备和执行，这样可以大大节省学员的时间和精力。

另外，做产品发售时，我也会提前准备好 SOP 流程，重点看这次升级的点，做好了再按照上面的步骤去执行。等到做完这次发售，我会再一次升级我的 SOP 流程，下一次就可以做得更好。

开启裂变式产品发售

前期的准备都是为了最后的发售，包括通过做海报、写文案和发视频等做势能推进。这时可以通过社群来做裂变，积累基础参与用户，让种子用户提供支持，裂变新的用户。

给那些信任你的用户非常好的回馈，他们是愿意参与你的裂变，帮你邀请身边的用户加入的。

准备好这些，就可以启动发售了。一次好的发售，效果抵得上平时销售几个月甚至半年的营业额，这就是发售的威力。善用这种力量，可以为你带来信心、财富和影响力的提升。

储备势能，筹备下一次发售

做完发售后，可以继续进行多维度追销，让你的这一次发售能量用尽。

一次好的发售，其实是在为下一次发售做准备，一些目标用户虽然这一次没有参与报名，但下一次就可能会报名，因为他看到了你的势能在持续升级。

所以，不要以为发售只做一次就好了，它是一个持续性行为，每一次发售都是你的势能在累积。这一次是为下一次做储备，层层递进，这种势能的积累，可以带动你的影响力持续升级。

发售这件事，我们不仅要把它当作卖产品的活动，更要把它当成一种势能战略来经营。长期经营好这种战略，你的产品销售就会变得越来越容易。

4.4　如何做好一场裂变式产品发售

一场产品发售活动，除了要达到产品销售的目的，还有一个维度很重要，就是裂变新的用户，让更多新的用户参与，并加入你的社群和私域。

在这里，我们要搞清楚"裂变"的定义。裂变就是赢得用户信任之后，他们主动为你推荐新的用户。

清楚了这个定义，我们就知道了，要想做出好的裂变结果，就要做好产品的交付，赢得用户对你的深度信任。只有这样，他们才会推荐身边的朋友加入你的平台，才能形成更有深度的裂变。

打造个人品牌时，很多人因为只关注成交，不关注裂变，导致产品销售变得越来越难。高级的销售是从成交开始的，交付是更高维度的销售，交付得越好，后面成交就越轻松，而且还能形成已有用户的裂变。有了用户裂变，你就不用天天担心新用户从哪里来，可以专注于设计标准选择用户，控制客户质量和发展节奏，打造个人品牌就会变得越来越轻松，你的收入也会越来越多。

所谓裂变式产品发售，就是通过一场产品发售活动，带动老用户推荐，实现新用户的关注与增长。

作为一个知识 IP，裂变效果好不好，除了跟活动的设计有关，还跟你之前的信任积累与产品交付有关。信任你的人越多，你之前交付的口碑越好，裂变效果就会越好。反之，即使开启了裂变式产品发售，也很难收到特别好的用户裂变效果。

所以，功夫都在平时，不要指望一场发售出现奇迹，而是要学会多在平时下功夫，奇迹只属于那些沉淀很深的人。

要做好一场裂变式产品发售，我认为有以下三个关键环节。

◎ 起一个响亮的名字，做整体价值传播

启动一个产品发售事件，有一个响亮的名字作为主题，非常关键。

这就像你做一次重要的活动，活动的主题策划非常重要，需要花时间认真思考。

比如，我之前做过的一场 12 小时直播，主题最终设定为："Peter 老师再战 12 小时直播——一次性讲透百万商业 IP 的创富修行秘诀"。这个主题公布之后，就有 300 多人第一时间预约了这次直播。因为他们知道，这次直播对他们会很有帮助，他们也会非常重视，这对我做这一场发售活动就很重要。只有引起他们的重视，才能吸引他们深度参与。

我现在做每一场重要的直播发售都会花时间去思考主题。好的主题可以带动直播势能。

我在指导学员时，也会让他们先花几天时间思考直播主题的设计，有了备选主题，再帮助他一起打磨确定最终的主题。

◎ 做好营销与策划，提升整体发售业绩

如果你确定了做一场产品发售活动，就要清楚自己要达成的发售目标。

后面所有的营销与策划，都要围绕这个目标进行。

那如何做好发售活动的营销与策划呢？我总结为六个关键点。

定初心

首先要定初心，做一场发售活动，要有一个好的初心。比如，你的分享是能帮助到别人的。这个初心很重要，动念帮人

能量高，动念求人能量低。有了这个初心，你做大事件就会减少担心和恐惧，努力的方向就变成要帮多少人，而不是要成交多少人。起心动念不同，结果就会截然不同。

定目标

目标就是努力的方向，定目标非常重要。比如，一场发售活动要有多少人观看，成交多少单，完成多少业绩等。

一场发售活动成交 10 人跟成交 50 人，所使用的劲道是完全不一样的，调动的资源也截然不同。定目标，就是确定你要调动多少资源和能量。

定产品价格

产品定价也是一个重要环节，在推广发售前，要确定下来。推广一个定价 200 元的产品，跟推广一个定价 2 万元的产品，难度系数完全不同，价格会直接影响销量。

产品定价取决于你的专业实力和品牌势能，还取决于产品的属性，比如训练营产品的定价跟私教产品的定价就非常不同，私教产品可以定价几万元，但训练营产品最多只能定价几千元。

定营销流程

定营销流程的目的是让用户通过这次发售推进逐步了解你、信任你。

比如海报的推进、短视频的推进、成功案例文章的推进、朋友圈的推进、直播的推进等，这些流程要逐一落实，这样在推进的过程中就能引导用户一步步对你产生好感，进而购买的可能性就更大。

定整体内容

定整体内容也很关键，内容即营销，用户会通过你的内容，判断你的专业实力与影响力。

我在定整体内容时，一般会思考以下几个方面：怎样设计直播内容，怎样系统呈现专业内容，怎样让用户一步步被内容吸引，怎样做整个活动期间的内容布局等。

定整体内容，就是在定发售的营销方式，用户最终是为你的专业买单的，所以，要格外重视你分享的内容体系。

定追销方式

发售结束后不要忘了追销，要结合多个维度进行追销，要构建系统追销思维，做到有始有终，让整场发售形成一个好的闭环。

学习用好上面的方法和工具，我相信你的发售活动会越做越有影响力。

4.5 如何为下一场产品发售做足准备

做产品发售，不要只考虑当下，还要考虑未来，不要只追求眼前的结果，还要追求未来的结果。做产品发售，要有长期主义战略思想。

记住，每一次产品发售，都是在为你下一次产品发售做准备，认识到这一点并努力践行，你的个人品牌势能就会越来越强。

◎ 每一次产品发售，都在为下一次做势能积累

做一次产品发售，除了能带来营收，还有很重要的一点就是：势能积累。一次大规模的产品发售活动，可以引起很多人的关注，这就是势能的影响力。也是在为下一次发售，做势能积累。

拥有这样的思维，你做产品发售时心态就会好，不再只看重一场产品发售的成败，也不会因一次产品发售做不好而失落沮丧，而是会用长期主义的视角，审视个人品牌的持续发展。

◎ 做好已有用户的交付，为下一场发售做准备

这是一个讲求深度服务的时代，我也一直非常认同"近悦远来"的服务理念，你把近处的用户服务好了，远处的用户自然而然就来找你了。

所以，当一次产品发售结束之后，我们要留足够多的时间去服务已有的用户。这样你就不会盲目地研究多款产品变现，而是会致力于打造超级成功案例。同时，你也不会一味去追风口，寻找流量洼地。

只有深度服务好已有用户，用户才会在你下一次产品发售

时，为你做口碑宣传。

产品发售不在于一次的成功，而在于可持续性。所以不要只盯着发售和成交，而要盯着你的用户，深度服务好他们，为你的下一次发售做好充分准备。

◎ 定好下一场产品发售时间，持续升级发售体系

做一场产品发售，别忘了考虑：下一次产品发售要在什么时候举办，要发售什么产品？

这样做的好处就是，你就不会只局限于这一场发售活动的结果，还会关注积累，为下一场产品发售做准备。

这就是我前面说的长期主义思维，我自己做产品发售，以及指导学员做产品发售时，都会进行这样的系统思考。

有了系统规划，执行上才会更加细致，也才能跟得上节奏。否则只是随意做事，就很难做出好的结果。下一次产品发售，也会因为你缺乏信心而遥遥无期。

除了做好规划，还要持续升级产品发售体系，要让下一次产品发售比上一次产品发售更体系化、更高级。这样持续发售，不仅能让用户觉得你在不断变厉害，还可以加强用户跟你之间的信任。所有用户都更愿意选择一个不断升级的 IP。

认真做好每一次产品发售，让发售成为你个人品牌进阶的武器，并且制定好下一次的发售的时间，做好用户的交付，持续升级产品发售体系，让下一次产品发售比上一次更有威力，同时更有影响力。

第五章 商业变现：

打造商业闭环，构建个人品牌护城河

5.1 开启商业变现的三个重要思维

打造个人品牌，必然会走上商业变现之路。商业变现是一种思维，也是每一个商业 IP 必备的能力。其实，打造个人品牌，最核心的是做影响力，一旦有了影响力，变现就是多维度的。

每一个打造个人品牌的人，对商业思维的修炼，都是正式跨上 IP 的必经之路。不要拒绝商业变现，而是要思考怎样更好地创造价值，从而获得合理的商业变现。未来可以通过变现赋能更多人，这样的正向循环更有利于做好个人品牌。

⊙ 倒逼自己启动一项事业的规划

大学刚毕业时，我一边工作，一边在线上教人演讲，那时我就在思考，什么时候可以把这份事业做起来。

但因为很多条件都不成熟，我只是种下了一颗种子。后来我尝试通过英语教学打造个人品牌，发现这件事没有想象得那么难。2016 年，我找到了合适的平台合作，一边经营自媒体，一边在做英语培训，算是实现了自由式办公，走上了打造个人品牌的道路。

通过打造个人品牌，能养活自己，并且让自己活得还不错，就是在倒逼自己启动一项事业。

我那时就在构想，未来我的个人品牌，应该打造成什么样，能通过哪些方式进行商业变现，以及我跟别人做得会有什么不一样。就因为我一直在思考这些问题，在全身心投入做这件事的，我很快就找到了自己的定位，之后又搭建了写作三六五平台，凭着一路摸索，在写作主题自媒体领域站稳了脚跟。

启动一份事业，首先是从内心开始的。有了构想，不断思考其实现的可能性，再去做、去尝试，不断优化迭代，最终把这份事业做实。到了一定阶段，通过这份事业立足了，就形成了你的事业路径。

打造个人品牌，成为商业 IP，就是在倒逼你启动一项事业的规划，然后不断地迭代，直到真正把这件事做成。

◎ 破除商业变现的心理障碍

很多人在刚开始做商业变现时，会有不少的担忧，这时，你要问问自己，是否过分担心了，还是真的没有想清楚。

如果你是过分担心了，那就给自己下一个指令：先开始做。即使商业变现只有几千元，也是变现之路的开始。没有开始第一步，就一定不会有第二步、第三步。

我有一位私教学员，我指导她做产品发售时，她就非常担心自己的产品卖不出去，因为之前她做的社群都是免费的。这一次要开始做付费社群，她非常担心招不到人。我就告诉她："你必须要跨出这一步，破除内心的障碍，同时，我相信你，一定能轻松招到几十人。"后来，在我的再三鼓励下，她做了第一次付费产品的发售，结果非常不错，定价几百元的付费社群，一次性报名了近 50 人。这是她第一次进行商业变现，取得这样的成绩她非常开心。她终于跨出了第一步，并且获得了几十人对她之前付出的认可，她内心非常激动。

所以，你在开启打造个人品牌之路，进行商业变现时，最需要突破的就是内心的障碍。这些障碍存在太久，就会成为很大的心理束缚。

只要你敢于突破，即使朋友圈只有几百人，你也可以进行商业变现。通过一次完整的商业变现，你就可以打通内心诸多卡点，不再被变现困扰，而是敢于创造价值和做好交付。

◎ 设置一个最简化产品商业变现

我在指导新学员时，特别是指导刚开始打造个人品牌的人，会让他们设置一个最简化的产品去做内部销售测试。比如，一个定价500元的产品，内部销售测试时给一定的优惠，300元就可以买到。如果有20～30个人预定购买，说明这个产品是可以来推广的，就可以启动外部发售。如果内部销售测试报名人数太少，就要考虑是否启动这个产品。这样的方式可以有效地降低商业变现的风险。

设置一个最简化的产品进行商业变现，除了成本低、风险小，还可以给每个打造个人品牌的人信心和希望，完成转型升级。

开启商业变现对任何一个人都是一次里程碑事件，首先你要倒逼自己启动一项事业规划，其次你需要破除内心对商业变现的恐惧，最后通过设置一个最简化的产品开启商业变现。

一次商业变现，就是种下一粒开启个人品牌事业的种子。接下来，你要在这条路上持续精进修行，做出有商业价值的个人品牌。

5.2 个人品牌商业变现的五大途径

打造个人品牌，商业变现是离不开的话题。几乎每一个打造个人品牌的人，都在思考这个问题。

打造个人品牌是一种修行，真正以此为修行的人不多，把它当作变现工具的人却非常多，这也是很多人打造个人品牌真实的驱动力。

事实上，随着自媒体和知识付费的兴起，很多人通过个人品牌商业变现实现了财富与影响力的跃迁。

那到底如何通过打造个人品牌实现商业变现呢？我来分享五种常规途径。

◎ 知识付费产品变现

目前打造个人品牌做得最多的变现，就是知识付费产品，通过卖课程、卖专栏、卖社群、卖圈子、卖咨询等变现。

知识付费刚兴起时，卖课程的方式非常火，很多平台都在推广合作的课程，这些课程涉及各个领域，只要你能接触到，在各类平台上都能找到对应的爆款课程。那时一些爆款课程可以卖到几万甚至几十万份，一些抓住这一波红利的 IP 收益都相当可观。

后来单纯卖课程变得比较难了，训练营又火爆起来。用户购买了训练营产品后，可以在社群中集中打卡攻克一门新技能，提供这样圈子的社群就非常有吸引力。

我们当时也踩中了这个节点，开始做付费训练营，效果很不错，赢得了不少学员的好评，还培养了很多优秀的写作者、写作点评导师和写作教练。

从 2021 年开始，单纯的训练营产品也变得没有这么火了，用户的时间越来越稀缺，很多年度会员群，以及一对一私教课程，吸引了更多人的注意。

私教咨询市场需求日益兴起。当时有不少知识 IP 都做了转型，这两年很多人就在做会员社群，以及提供私教服务。

知识付费无论到哪个阶段，都是很多 IP 最核心的商业变现方式，只是不同阶段，根据用户需求不同，采用的变现方式不同而已。

● 流量广告变现

流量广告变现，是很多自媒体 IP 的变现途径，主要有两种形式。

接外部广告

文字自媒体时代，在微信公众号上投放广告非常普遍。只要你的账号足够垂直，用户基数和黏性好，就可以获得很多广告资源。

2017年按行业报价，公众号一个阅读量的广告定价在1～5元。如果你的公众号平均阅读量是1000，粉丝黏度还不错，报价通常在2000～3000元之间。通常一些百万粉丝量级的公众号头条广告报价可以达到6万元。

这几年，短视频比较流行，通过短视频接广告的就更多了，只要你的视频账号做得好，也会有很多广告主主动找过来。

对很多自媒体IP来说，广告变现依然是非常好的变现方式。

产品分销

文字自媒体时代，微信公众号和头条都有插入商品的功能，可以通过分销产品获取带货的返佣，头条知识付费兴起的2019年，很多人都选择了这种分销产品的方式。

后来，随着短视频和直播的流行，又多了通过录制短视频和直播来分销产品的形式。还有，现在直播非常热门，像樊登读书这样的平台，每天通过直播带货，就能卖出去很多产品。这种产品分销形式，要根据产品账号本身的定位选择带货的产品。我有一个朋友是做易经好物优选的，她分销的产品都跟易经相关，通过短视频和直播做推广，分销效果非常好。这种分销产品形式已经成为越来越多人的选择。

以上两种流量广告变现的形式都非常好，只要你把账号做到一定体量，这两种形式结合来做，变现的自由度就会更大。

◉ 实物产品变现

不少有实物产品的人，可以通过打造个人品牌，构建出信任度，再经由后端实物产品进行变现。

我有一个伙伴是开茶叶店的，因为线下实体店经营不太好，她不得不想办法在线上扩展流量。后来，她开启了打造个人品牌之路，通过做短视频、做直播、开设课程，增强了自身的影响力，吸引了不少粉丝。然后再通过茶叶、茶具等做后端变现，我身边不少人都成了她的用户。

我现在指导的学员中，也有不少有实物产品的，他们明显感觉到，直接卖货正变得越来越难，因为他们自身没有足够的流量和品牌影响力，这时打造个人品牌，对她们来说就是刚需。只有把个人品牌打造得越来越好，才能助力实物产品销售。

这两年创始人IP也越来越流行，我身边有一位女性创始人通过打造个人IP，搭建了一个女性成长平台，通过做付费会员社群，聚集了上千位之前买过她产品的用户。一次"双11"活动，仅通过内部会员社群，就带出了价值几百万元的实体产品。

打造个人品牌，可以放大实体产品的商业变现效果。越来越多拥有实体产品的人，开始选择打造自己的个人品牌，以放大个人影响力，更好地推广实体产品。

◎ 写书变现

做个人品牌到了一定阶段，就可以考虑写书了。写书对任何一个人而言都是一种很高级的生命体验，每个人有机会都要体验一次。

那写书出书很难吗？很多人出不了第一本书，最核心的原因往往是恐惧写书这件事，觉得自己完成不了。

写书对我来说，是很重要的知识体系系统梳理过程，让我可以有整体观，而不是只局限于知识体系的局部。同时，写书也是很好的变现方式，既可以提升个人影响力，还可以通过版税变现。很多 IP 出书之后，后期会通过书课打包的形式，一起来做变现。

作为新手不要总是觉得写书很难，只要你能做到持续输出优质内容，且能在垂直领域持续深耕，出书的概率还是很高的。

我给自己的定位是每年都要出版一本书，出书是我跟这个世界很重要的连接方式。

打造个人品牌最核心的是做优质内容，出书可以帮你加深对优质内容这个概念的理解。从以写书者的视角来看其他人写的书，看他们是如何设计图书内容的，这本身就非常有意思。

所以我鼓励每一个人都能终身写作，写出自己不同人生阶段的作品，呈现生命的不同状态，让自己保持精进之心，持续迭代生命。

◎ 影响力变现

打造个人品牌，最核心的是提升个人影响力。有了个人影响力的进阶，特别是当你的个人影响力变得越来越大，变现就会变得更加简单且轻松。

不少人个人品牌商业变现起步会很难，推广一个定价几千元的产品，报名者寥寥，就是因为影响力不够。靠个人信用变现难，靠影响力变现相对简单一些。

这方面我是有深刻体会的。我刚开始进入知识付费时也很难，一个定价几百元的训练营产品，即使很努力地推广，报名的也就只有十几个人。后来，我搭建了写作三六五平台，出版了《终身写作》这本书，很多学员就慕名而来，不少 IP 和平台还邀请我去讲课，我想这就是个人影响力提升带来的诸多好处。

所以，每一个打造个人品牌的人，都要注重个人影响力的积累，多做能够让自己积累影响力的事情，用长期主义思维打造个人品牌，不要只盯着眼前利益。只有这样，你才能把影响力变现这件事真正做到一定高度，才能做得更加轻松。

商业变现，是每一个打造个人品牌的人到了一定阶段都自然会去做的事情。商业变现是多维度的，不只局限于某一个点。把握好以上五种常规的商业变现途径，让你的个人品牌商业变现之路越来越顺畅。

5.3 如何推广个人品牌，放大个人影响力

很多人商业变现非常辛苦，最主要的原因就是，个人影响力没有做到一定程度，需要去主动找用户，这种变现方式就非常困难。

客户不是找来的，而是吸引来的。客户需要你，就会主动来找你，而不是你去找客户，这背后就是个人影响力的差别。

所以你一定要学会推广个人品牌，放大个人影响力，让更多的客户主动来找你，商业变现才会越来越轻松。

◎ 个人品牌变现的底层逻辑

要让个人品牌更好地变现，就一定要掌握其底层逻辑。你要深度思考，在一个垂直的赛道，用户为什么要选择跟随你，是因为你的产品好，还是你的产品价格便宜，抑或是你的个人影响力特别强？只有把这些问题思考透彻，你的商业变现才能跨上新台阶。

个人品牌是基于价值和信任的变现。当你影响力还不大时，用户之所以选择你，是因为信任你，恰好你的产品和服务又能解决他的问题，所以他购买了你的产品。

当你影响力比较大时，用户会被你吸引而来。影响力就是一种深层次的信任，同时你又能解决用户的问题，所以他选择购买你的产品。要想把变现做得越来越好，你既要持续输出价值，吸引他人，还要提升个人影响力，让更多人知道你能解决

他的问题。

我很喜欢一句话：所有的变现，都是基于人格的变现，人格背后就是你传递的价值和信任。

掌握了个人品牌变现的底层逻辑，你就不会再只局限于是否立马变现，而是会走在传递价值和构建信任的路上，持续精进和努力，也只有这样才能做出长期具有影响力的个人品牌。

◉ 强化个人影响力的三个阶段

我们知道了商业变现来自个人影响力，那如何才能强化个人影响力呢？我总结了三个阶段，实现这三个阶段的进阶，你的影响力一定会持续跃迁。

在核心平台持续输出优质内容

强化个人影响力，需要把握一个关键点，就是在核心平台输出优质内容。

有人擅长在微信公众号上输出，有人擅长在抖音平台上输出，有人擅长在小红书平台上输出，还有人擅长在微信视频号上输出。不同阶段，要学会用不同的平台进行内容输出，但要聚焦深耕一个核心平台并坚持做优质内容输出。只要你坚持这么做，就能给你带来持续的个人影响力。

比如，在微信公众号特别火的时候，我坚持在微信公众号平台输出内容，3年发布了近1000篇文章。到微信视频号比较热门的时候，我又坚持输出短视频，以及坚持每周做直播。

因此吸引了很多用户、专家，以及企业创始人，来看我的视频作品，听我的直播分享。在微信生态的深耕，让我在行业内积累了一定的影响力。我的亲身经历足以说明，强化个人影响力，就要在核心平台持续输出优质内容。

做付费社群深度服务核心用户

单纯输出优质内容远远不够，你还需要进入第二个阶段：做付费社群。

我开始也没有意识到做付费社群的重要性，以为只靠写文章就能深层次影响读者。直到后来跟我的读者们在微信上聊天，我才发现，有的读者并不能深层次领悟我的核心思想。后来，我就搭建了付费社群，把读者变成了学员，才真正意义上构建了跟学员的深度链接。

我有一个深度服务用户的金句：用 90% 的时间，深度服务好 10% 的核心用户。

深度服务好你的核心用户，才能深层次影响他们，让他们成为你的铁杆粉丝。付费只是用户进一步靠近你的方式，只有深度服务他们，解决他们的问题，你才能在用户心中真正产生影响力，得到他们长期的信任和追随。

做线下服务深层次影响用户

为了更深层次地影响用户，我们开展了诸多线下服务，比如线下沙龙分享、新书签售会、线下大课、1 对 1 深度咨询，以及私董会密训等。

文章看千遍，不如直播间聊聊天；直播间聊百遍，不如线下深度见一面。这是我对自媒体时代，对深度影响力的总结。

刚开始做知识付费时，我跟随一个公益平台做年会，特邀了 8 位付费学员来参加。那时，我以为已经线上服务他们有一段时间了，见面应该非常熟，没想到一碰面才发现，彼此之间并没有特别深的信任度。通过这次年会，深度链接了两天一夜，我跟他们才建立了比较强的信任。这让我意识到，只做线上服务是不够的，还要开展线下服务，加深与用户的深度链接，才能深度影响用户。之后，我们做的一整天 1 对 1 深度咨询、三天两夜的线下大课，以及两天一夜的私董会密训，对我们构建与核心用户的深度链接，深度影响他们，起到了非常大的作用。我也因此真正认识到什么是深度影响力，以及如何才能深度影响他人。

◉ 如何更好地推广个人品牌

明白了强化个人影响力的三个阶段，紧接着就是更好地推广个人品牌了，我也总结了三种方式。

输出优质内容，深度影响用户

锁定好一个核心平台，在这个平台上持续输出优质内容。

输出优质内容，要有长期主义思维，不要力求一个月就有效果，而要持续输出，用长期主义战略眼光看待这件事。

我从 2016 年做内容到现在，一直在坚持输出优质内容，公众号累积了上千篇文章，还出版了多本图书，深度影响了很多用户。

传递核心思想，展现生命状态

我有一句话被很多学员长期传播，就是：低级的品牌在传播标签，顶尖的品牌在传播思想。

我是一个很注重传递核心思想的人，我的核心思想有三个：终身写作，终身修行，长期主义。这三个核心思想我把它们都写成了书进行长期传播。

除此之外，你还要通过打造个人品牌，展现你真实的生命状态，比如你的专业进阶，你的生活状态，你的为人处世等。

很多用户靠近你，是希望拥有像你一样的生命状态，成为像你一样有能量的人。你的生命状态，就是你的个人品牌。

打造成功案例，宣传成功案例

比起单纯宣传自己，宣传个人品牌更好的方式，就是：打造成功案例，宣传成功案例。因为用户会把自己与成功案例进行对照，所以成功案例是更好的宣传方式。

我每过一段时间都会专门整理出来成功案例文，把它们发在我的公众号上。不仅如此，我还会要求身边的学员写自己的成功案例文，写完之后还要长期宣传。这样可以倒逼我自己与学员更努力地打造成功案例。每一个想要持续进阶个人品牌的人，都要持续打造成功案例乃至超级成功案例。

每一个打造个人品牌的人，都想放大个人影响力，做好商业变现，但我们要清楚个人品牌变现的底层逻辑，强化个人影响力的三个阶段，以及如何更好地推广个人品牌，这样你的个人品牌才会越来越有影响力。

5.4　如何打造商业闭环，让事业更轻松

很多打造个人品牌的人，都想打造商业闭环，让自己的事业变得更加轻松，这是他们的刚需。但 95% 的人不知道怎么做。

这一节，我将从三个维度分享如何打造商业闭环。

◉　构建前端流量的两种重要形式

流量对很多 IP 来说就是血液，如果你没有一定的流量，推广任何产品都很难做到一定人数，这样就很难做出势能。

私域流量的获取对很多知识 IP 是一门必修课，要提前把这门功课做好，才能打好个人品牌的基础。

构建前端流量，我认为有两种重要的形式：构建外部流量和内部流量。

构建外部流量

构建外部流量是我们通常都会去做的，但要把每一个触点都做好，真的不简单。

构建外部流量，通常我们会通过赠送高价值资料或者课程来做引流，这种方式我们可以通过不同的媒介和场景来做。这里我主要分享三种形式，做好任何一种，都可以带来持续的流量。

1. 微信公众号文章引流

很多知识IP都通过微信公众号做引流，这是很常用的一种方式。通过公众号输出优质内容，在文章底部加上自己的微信或者二维码海报进行引流，扫码加微信可以直接获取免费资料或者课程。

还有一些人会在很多大号上付费投放文案进行大规模引流。就像现在有些人做抖音和视频号矩阵号一样，只不过量放大了，自然引流来的人也就更多了。

2. 短视频和直播引流

到了短视频和直播时代，引流方式发生了变化，从单一的文章引流，变成了短视频和直播引流。

短视频的引流跟直播的引流大致相同，一个在短视频中，另一个在直播间。

现在做视频号直播，引流就更加方便了，你在直播间可以直接下行动指令，添加微信赠送重要相关资料或者课程。

如果你的直播间在线听的粉丝很多，引流的效果就会很好。直播的红利期，不少知识IP每天都可以引流好几百人，沉淀了不少私域流量。

3. 线上社群和线下活动分享引流

作为一个知识IP，如果你受到群主的邀请进入其他社群做分享，认真分享完往往会有人主动加你微信好友。如果群主允许你发自己的微信，你也可以通过加微信送分享重点资料的方式来做引流。

通过线下活动引流，不论是你自己的活动，还是你参加的其他活动，只要你是分享者，在讲完之后就可以在 PPT 上展示自己的二维码，邀请他人加你微信，并送出重点相关资料，这些都是非常好的引流方式。

这三种构建外部流量的形式，可以结合在一起用，把外部流量打通，就能收到很好的构建外部流量效果。

构建内部流量

很多人没有把自有流量引入微信系统，也没有进行一定程度的裂变。看似缺少流量，其实是没有掌握要领，很好地扩张自己的流量。

1. 自有流量截留

作为知识 IP 通常都有自己的微信公众号和视频号，就需要把关注你的这些用户想办法加到微信上来。

有些 IP 的公众号有几万粉丝，但真正引流到私域的却不多，正是因为缺少了引流的动作。如果在别人关注你的公众号之后，直接给对方发提示，添加你的微信就能领取一份重要资料或者课程，大概率会有一部分人主动加你微信。

视频号上也是如此，直播时可以引导新进直播间的人加你的微信领取重要资料或者课程，这样也可以轻松地截取一些陌生流量。

这个动作既简单，又有效，还能很好地为你的私域流量做储备，长期累积下来，就是很有价值的一笔流量资产。

2.已有流量裂变

前几年合伙人模式特别火，我们的平台还做了一段时间。通过合伙人模式，能够快速形成流量的裂变，当时仅用半年时间，我们平台就涌进了近万名付费用户。

这是因为老用户认同我们的平台，加上一定的利益分配机制，也是当时这种模式刚兴起，才形成了快速的用户裂变。

现在再做这种裂变就有点难了，不过你依然可以通过老用户的推荐裂变出一些新用户，记得给到他们一定的推荐奖励。

流量变得越来越贵，我们需要构建好前端流量，为个人品牌打造铺好路。把私域流量当作很重要的事情来做，就像企业的现金流。只有持续不断地引入新的流量，才能让你的个人品牌打造持续推进下去。

◎ 打造高端产品重点服务核心用户

要想把事业做轻松，赚钱变简单，必须要打造高端产品，用它来服务核心用户。

我们应该把90%甚至95%的时间用来服务核心用户，特别是做私教产品的人，更应该把重心放在高端产品上。

咨询类的高端产品更容易做客户终身价值，用户体验完一次，还可能续费来体验下一次。所以，把原有的高端核心用户服务好，除了可以产生很好的利润，还能让你做出很好的成功案例吸引其他用户。

很多人没有很好地打通商业闭环，就是因为缺少高端产品，或者没有把高端产品持续推进下去。

我在刚开始做产品时是没有做高端产品的，最高级的产品定价也就几千元钱，使得我的产品盈利比较少。后来，我就设计了一个高端咨询产品，一下子增加了几十万元的收入，还打通了后端的商业闭环，很快就把前端的用户承接上了，我的商业变现变得更简单。现在我的高端咨询产品定价已经做到 6 位数，每一期都在涨价，但依然有不少人主动申请报名。

所以，做个人品牌轻创业，你需要好好打造你的高端产品，重点服务你的核心用户，让他们成为你的成功案例，以此吸引更多用户体验你的高端产品，让你的个人品牌事业变得越来越轻松。

❍ 专注做擅长且能产生巨大价值的事情

要想让自己的事业变得更轻松，需要记住一条：专注做自己擅长且能产生巨大价值的事情。

什么是擅长？就是做这件事，你比别人更轻松，这就是你的天赋所在。

那什么是巨大价值呢？就是做这件事比做其他事能给你带来更多的商业变现与影响力。

比如，我很擅长做一对一深度咨询，擅长做高端咨询产品，擅长讲课和直播分享，等等，这些事情都能给我带来巨大的价值。

事情不是做得越多越好，也不是别人做得好你就可以做得好，你要学会专注在自己擅长并且可以给你带来巨大价值的事情上。

这是每一个打造个人品牌的人都要深入理解和深度践行的。只有如此，你才能把个人品牌事业做得更轻松。

5.5 如何通过打造团队运营商业 IP

很多人在打造个人品牌时会忽略一个问题，就是搭建核心团队，他们以为自己一个人就可以做好，不需要其他人协助。

有经验的商业 IP 就非常重视搭建团队和团队的协作。没有完美的个人，只有完美的团队。在打造个人品牌这条路上，这句话同样适用。每一个踏上个人品牌打造之路的人，都要提前思考应该如何打造团队，以运营好自己的商业 IP。

○ 为什么要组建团队运营商业 IP

我很早就意识到要组建团队，因为但凡好的商业 IP 都是由团队共同运营的，而不是一个人孤军奋战。

下面我通过自己的经历来说明，为什么你需要打造一个团队。

人不是全能的，并且精力有限

我在刚起步打造个人品牌时花了很多时间写微信公众号文

章，后期的编辑、配图等工作也是自己做，根本没有时间做其他的事情。后来我就找了一个助理专门负责编辑公众号文章。

做付费社群时，我自己不是很擅长运营社群，就找了一个人专门帮我做这件事情，这让我有时间去写文章、讲课和做内容。

人不是全能的，并且精力有限，你去做自己擅长的事，整个团队协作好，比个人单打独斗，做起事来效率更高。

团队运营 IP，会大大提升整体效率

从一个人做，到后来组建团队一起做，我最大的感受就是：整体效率大幅度提升。

比如，虽然写书花费了我不少时间，但这并不影响我的公众号和社群的运营，也不影响我做直播整体的推进，因为我的背后有团队在一起协作。

对于任何一个 IP 来说，都要特别重视打造团队，要以长期整体发展、大幅度提升效率的角度考虑问题。

◎ 我的个人商业 IP 三个重要阶段

我在打造个人商业 IP 时经历了三个重要阶段，我把它们分享出来，希望能给你启发。

2017—2018 年：我和一个小助理

在我 2017 年踏上自媒体之路时，只有我和我的一名学

员——佩纯两个人做这件事，佩纯做我的助理，兼职帮我编辑公众号的文章。

那时候，我主要经营一个付费写作专栏和一个公众号，直到 2017 年底，才启动做付费社群。

个人商业 IP 起步时可能都会像我一样，一个人配一个助理就可以了。最开始没有特别多的事情要做，大多数比较重要的任务自己完成，一些小的事情安排给助理，这样彼此协作，就完成了打造个人品牌的第一个阶段。

2018—2020 年：4 个人的小团队

2018 年底，我又感召了一名学员加入了我的团队，这个人就是慧子，她来负责社群整体运营。

当时，我们已经开始做了好几个付费社群，非常需要一个全职的运营人，慧子从兼职转到全职，跟我一起做写作细分领域，成为我的好帮手。

2019 年，孙杰也加入进来，助力社群做写作点评和人物采访，加上佩纯，我们组成了 4 个人的小团队。其中，我负责讲课和输出内容，慧子负责社群运营，孙杰负责点评和学员采访，佩纯负责公众号编辑和海报设计。

团队虽小，五脏俱全，就是这样的一个小团队，让我们在 2020 年初就迎来了一次爆发，平台迅速扩张，一下子涌进来近万名付费学员，完成了个人商业 IP 的巨大进阶。

打造个人品牌，过了起步期，就需要组建一个小团队，做具体的分工，通过团队协作完成个人商业 IP 的进阶，这就是第二个重要阶段。

2020 年—至今：5～10 人小团队

2020 年，随着平台的发展，我又招募了李花平和森森两位同事加入团队，负责写作点评和内容生产。2021 年下半年，我又招募了一位伙伴耿艳菊，协助慧子来做整体运营。

一直到我写这本书，我们团队已经是一个很精致的小团队，人数近 10 人，有全职的也有兼职的，组成了一个很有协作力和凝聚力的集体。

有团队在身后给我打造个人商业 IP 提供了底气，也成了我的力量之源，让我可以更努力、更用心地做这件事。

我也很庆幸，我们彼此一直不离不弃，配合默契，大家一起做事，推动整个平台不断向前。

打造个人商业 IP 到了第三阶段，就需要打造出一个稳定而有协作力的团队，这个团队可以辅助你把个人商业 IP 做得更好。

做好以上三个阶段每个阶段的事，可以让你的个人商业 IP 打造之路越走越顺畅。

◎ 如何通过团队系统运营商业 IP

作为一个知识 IP，除了是一个 IP，对于整个团队你还是一个领导者，如何领导团队一起来运营好你这个商业 IP 呢？我分享两个关键要点。

对核心团队的人要有标准

发展初期，我对核心团队成员就有很高的要求，希望大家能一起工作 5 年、10 年甚至更长时间，所以在选人上我一直很慎重。

我这两年挑选合作伙伴时，有三个核心原则：第一，特别认可我；第二，价值观同频；第三，执行力很强。

只有同时满足这三个核心原则，才能加入我的核心团队。即使暂时进来了，我也还会安排一段时间的考核，考核期达不到一定标准，也会让其离开。

我这么做的原因很简单，就是希望能一起走更长时间，任何一个核心团队成员离开，对领导者来说都是一次阵痛，我希望减少这样的经历。

所以，对团队成员筛选，一定要有严格的标准，找到那个最合适的，把它发展成你的核心团队成员，跟你一起共同努力。

统一方向和目标并肩作战

有了团队成员，接下来要做的就是，让团队成员发挥优势，统一方向和目标，并肩作战。

做一件事，只有你自己相信和认同是不够的，要想把它做好，还要统一团队的思想和目标，让成员也相信和认同，愿意跟你一起协作，这样才能激发他们的工作热情。

像我们做知识 IP 的，基本就是做付费社群、私教产品、线下课等，每推进一个产品，都要让团队意识到这个产品的重要性，这样大家才能很用心地去推广和运营。

组建团队一起运营商业 IP，比你一个人运作，更为轻松，更有效率，能创造更高价值。作为一个商业 IP，你不仅要懂商业，懂个人品牌，还要学会领导自己的团队，往人生更高处前行。

第六章 **品牌升级：**
坚持长期主义，持续经营品牌资产

6.1　如何写好具有传播力的个人品牌故事

什么是个人品牌故事？

个人品牌故事就是讲述你一路成长并且持续蜕变的故事。

无论你是否已经开始打造个人品牌，无论你身处职场还是自由职业，都要能写好一篇个人品牌故事。

一篇好的个人品牌故事，能帮你很好地塑造自身价值，还能促进有效传播。

2018 年 4 月我在开启第二个微信公众号时，就写了一篇个人品牌故事，到 2019 年仍然有人在看，还在持续传播[①]。

自从开始打造个人品牌，我就一直非常重视讲述个人品牌故事这件事。我鼓励每一位学员都要学会写自己的个人品牌故事，从而让用户更加了解自己，加深与用户的链接。并且，还要对其持续迭代更新，让用户看到自己持续的生命进阶。

◎　为什么要写好个人品牌故事

之所以要写好一篇个人品牌故事，我认为有三个关键原因。

用个人品牌故事宣传自己

很多人自我宣传的意识比较弱，导致错失了不少机会。无

---

① 见附录。

论是打造个人品牌，还是在职场工作，我们都需要一篇个人品牌故事宣传自己。

试想下面这种场景，有陌生用户通过某渠道添加了你的微信，如果只是跟他打个招呼，那他可能很快就把你忘了。但如果你能给他发一篇个人品牌故事文章，让他通过故事加深对你的了解，这样即使你后期不联系他，他也会不那么快忘掉你。如果你的经历足够出彩，就可以引起别人对你的重视。

一篇好的个人品牌故事，可以多维度介绍自己，比如你的背景、成长经历、价值观、信念和取得的成绩等，这些可以立体地展示你自己，拉近你与陌生用户的距离，增加他人对你的信任。

好的个人品牌故事就是一个小作品，是你行走的超级名片，不仅可以帮你做宣传，还可以帮你做超级链接。

用个人品牌故事放大个人影响力

好的个人品牌故事，不仅能很好地宣传自己，还能放大个人影响力，增加联结他人的机会。

比如，我是做个人品牌咨询的，写个人品牌故事可以带我建立在圈子和行业内的影响力。一篇好的个人品牌故事，还可以有效地帮我销售产品，甚至还可以通过它寻找到更多合作机会。这些都是影响力的辐射，都是个人品牌故事带来的附加值。

作为一个品牌专家，要不断地更新迭代自己。通过持续迭代，才能不断超越自我，才会有更多人愿意靠近你，才有可能得到更大的机会。

◎ 如何写好一篇个人品牌故事

写好一篇个人品牌故事，不仅需要下功夫，还需要一些技巧。这样写出来的故事，才能深入人心，得到用户的认可。

我在这里，分享写好个人品牌故事的五个关键点。

明确写文目的

明确写文的目的，是我一直强调的。你要清楚地知道，写完之后要达到什么样的目标收到什么样的效果，这很关键。

比如，有些人写个人品牌故事就是为了宣传自己的产品，那么在写的时候就要强化销售产品这个目的，故事中也要传达出产品的功能和价值，这样更容易促成转化。

再如，有些人写个人品牌故事就是为了宣传自己，那么在写文时，就要把自己的经历写完整、写真实、写精彩，这样读者会因为这篇文章而牢牢记住你。

明确写文的目的，让个人品牌故事发挥出更大的效用，才能实现其价值最大化。

细化介绍自己

还记得我早期做社群时，有些人虽然已经在我们的社群学习了几个月，但线下见面我还是发现彼此的信任度很低。这让我意识到，很多用户对我的了解是不深入的，我需要写一篇个人品牌故事正式地介绍自己。再后来，我会定期迭代个人品牌故事，让他们也持续迭代对我的认识，因为我一直在持续升级自己。

在个人品牌故事中，回答你是谁格外重要，你要介绍自己，包括你的名字、家乡、生活环境、教育背景、工作背景和取得的成绩等，让用户全面、细致地了解你，以增加对你的信任。

呈现成长蜕变

我对有些头部 IP 一直保持持久的关注，因为他们每年都有新的变化和成绩，你会感觉他们成长的速度非常快，这让我很欣赏和佩服他们，这种人是非常具有人格和思想魅力的。

在写自己的个人品牌故事时，如何呈现自己的这种成长蜕变呢？我用到的就是"过去—现在—未来"的写文结构，过去什么样，现在什么变化，未来什么规划，沿着时间线，逐步呈现，这样容易写清楚，别人看起来也简单、明了。

晒出你的成绩

一篇个人品牌故事中，最有价值的部分就是你的成绩，这对读者是很有说服力的。个人品牌故事最重要的就是营销自己，如果你的文章连自己都推销不出去，卖产品只能会更难。

比如，我晒成绩，会晒自己的作品，高价值学员，获得的荣誉，高端社群，行业影响力，还有一些特别的经历，等等。

这些会让那些对我陌生的读者觉得我很厉害，如果他们能够更深层次地认同我，还会购买我的产品，成为我的付费用户。

如果没有这么多成绩，你可以晒一些坚持得比较久同时又有些成绩的事情，比如，坚持写作三年，每天坚持跑步五年，读书超过 1000 本，等等。这些成绩一般人很难达到，你能做到也是很有说服力的。

晒出你的成绩，让别人愿意靠近你，你的成绩就是最好的宣传作品，你就是自己最好的成功案例。

真实又有价值

一篇好的个人品牌故事一定要经得起推敲，它的背后是两个字：真实。

何谓真实？真实就是能够真诚地分享你的经历，无论是光辉的，还是黑暗的，都能够让人感受到是真的。你需要更敞开地分享一些细节和特殊经历，抓住读者的注意力。

我在写自己的经历时，会谈到自己的出身、失败、不堪和痛苦等，这些反而更能触动读者。

比如，我在写自己为什么会开启写作之路时，提到了在丽江泸沽湖游玩之后，写不出心得体悟的痛苦和纠结，很多人读到我的这一段经历时就很有感觉，因为他们也遇到过这样的人生窘境。

真实有时候很简单，当你反躬自省时，就完全能够感受得到。当你真实地面对读者，他们同样也能感受到。

其次是个人品牌故事要有价值。好的个人品牌故事，价值越高，越能激发读者的认同感，让他们快速建立对你的信任。

有一次我看到一篇微信公众号文章，作者把关于自己的一切成长轨迹都放在了这篇文章里，写得非常真诚而且真实。看完这篇文章，我立刻被他吸粉，关注了他，并且还转发了这篇文章，推荐了他的公众号。

好的个人品牌故事，需要用心打磨，不仅能很好地宣传你自己，还能加强个人影响力，最关键的是，你还能持续使用，让自己找到更多的目标用户。

三步拆解我的个人品牌故事

我的个人品牌故事，一共包括三个重要组成部分：我是谁，我的五次人生蜕变和我未来的事业规划。

我是谁

在"我是谁"这个部分，我很详细地介绍了自己，比如我的名字，祖籍，现在所居住的城市，曾经就读的大学，大学的一些经历，以及毕业第一年的经历等。

除了细化地介绍自己外，我还谈到了我的人生大方向选择：教育培训。正是因为这个选择，我来到了上海，并且在这座城市扎根，开启了自己愿意为之奋斗一生的事业。

我的五次蜕变

第二部分讲了"我的五次蜕变"，这是最核心的部分，这一部分我讲了自己一路的进阶和蜕变，按照时间顺序，讲述了很多的细节，有故事，有情绪，有痛苦，有成绩，也有改变。

如果你认真读我的这五次蜕变，相信一定可以引起你的共鸣，这是我非常真实的人生改变，每一次改变都是由内而外的。

我未来的事业规划

最后一部分就是"我的事业规划"，也是我重点展示成绩的部分，一路走来，就是因为不断超越自我，我才有了一次又一次的突破。

踏上个人品牌打造之路，你要学会写好一篇个人品牌故事，给自己赋能。

6.2 如何深耕专业，成为细分领域高手

我对很多学员说过，有一个路径可以帮助你更好地赚钱，就是：成为细分领域高手。我就是成为专业细分领域高手后，才赚取了人生的第一桶金。

这一节重点探讨，如何深耕专业，成为细分领域高手。

◎ 为什么要成为细分领域高手

为什么要成为细分领域高手？我总结为三个重要原因。

收入变高

我在做写作领域时，也有很多人在做。有些人通过写微信公众号文章，输出内容，但不是很赚钱。而我作为专业的写作者，不仅自己写作输出，还搭建了写作平台，专注做写作细分领域，一年营收可以达到上百万元。

当你成为细分领域高手时，最直观的变化就是：收入变高。

资源变好

当你变强时，很多人就会主动靠近你，有些人会向你付费，还有一些人会找你合作。你会形成自己的一个圈子或者生态圈，资源自然就变好了。

我搭建了写作三六五平台后，组建了自己的生态圈，后来做了个人品牌私教，又组建了专家私教生态圈。

当你变好之后，你就是资源本身，别人就会主动来找你，这比你总是对外去找资源，要好很多。所以，让自己变得更好，才是解决一切问题的关键。

能量变强

走上打造个人品牌之路，当你的专业实力越来越强，不仅你的底气越来越足，你的能量也会越来越强。

能量的增强，是你能够直观感受得到的。我通过 3 年时间坚持每天都日更长文，后来出版了两本书，就明显感觉到自身能量有了持续增强。

能量变强后，能力自然就上来了，赚取财富会变得更加简单。

◉ 为什么 90% 的人没有成为细分领域高手

既然很多人都知道专业进阶的重要性，那为什么 90% 的人还是没有成为细分领域高手呢？我总结为三个关键因素。

没有做好人生定位

没有做好人生定位，心就一直不定。心不定，就很容易受到外界干扰，也很容易被带着走。

我是在 30 岁时才真正定下方向的，到现在为止，一直坚定地在自己的方向上深耕。所以，做好人生定位非常重要，这样在专业领域才能形成长期的复利积累。

没有深度做事和持续超越自我

大部分的人没有在一个细分领域深耕，就是因为做到一定专业深度，他们觉得向上走太难，就不继续往下钻研了，于是止步于此。

大部分人为了逃避跟自己的战斗，就停留在一定层面，只保持工作够用就好，停止了深层次探索。

深度做事，就是向内求，就是不断地深度修炼自己。能持续超越自我的人才是真正的勇者。

没有对标顶尖高手

取法乎上，对标顶尖高手，你才能成为细分领域高手。人们常说，求其上，得其中；求其中，得其下。要想成为细分领域高手，就要对标身边的高手，乃至行业的顶尖高手。

坚持做难而正确的事，对标细分领域顶尖高手，才能成为专业领域的高手。

◎ 如何强化和深耕专业能力

对大部分想要成事的人，强化和深耕专业能力就是必经之路，这本身就是一种修行。

从新手到熟手，再到高手和顶尖高手，是需要持续进阶的，要学会在专业上长期坚持做难而正确的事。

那如何强化和深耕专业能力呢？我总结为四个要点。

定量训练

每天坚持定量训练，比如我每天会坚持 3000 字左右的输出。

固定动作

固定的时间做固定的事，持续做，也能产生非常好的效果。我写作的时间通常在早上 9：30—12：00，这是我固定的写作时间，长期累积下来我有了几百万字的内容输出。

找到对标目标

找到你对标的目标。我刚进入写作领域时，就对标了一个头部 IP 每天写一篇文章，坚持这样做，我很快完成了专业进阶。

提高标准

比你的对标对象高一个标准训练，我就是这么践行的。

跟高手 PK，就要跟高手有同样的训练标准，如果你比他的标准再高一些，时间长了，就可以比他做得更好。

记住，一定要深耕专业能力，在专业细分领域要有格物致知的精神，直到你成为细分领域的专业高手。

6.3 通过写书升级个人影响力

现在流量越来越贵，很多人选择打造个人品牌就是想通过这样降低获取他人关注的成本。

如何更好地打造个人品牌，实现个人影响力的快速升级呢？写书就是其中非常好的一种方式，可以大大缩短你打造个人品牌的路径。

对一个 IP 来说，书不仅是背书，还可以带来精准的流量，沉淀多年的专业积累，并且还能提升个人影响力。

◎ 写一本书的四个核心理由

对每一个打造个人品牌的人，无论你处于哪个阶段，写书都占据着非常重要的位置。

出过书，跟没有出过书的人，个人能量层级是完全不同的。出过爆款书，跟没有出过爆款书，个人影响力大小是完全不同的。

到底为什么要写书？我给到你这四个核心理由。

写书是知识体系的沉淀

写书就是把你原有的专业知识进行一次系统的梳理，整合成知识体系。这个动作很有必要去做，我身边很多 IP 都通过写书实现了很大的提升。

写书可以提升个人影响力，实现商业价值

图书是一种很重要的背书，它既可以实现个人影响力，帮你赢得用户的认可，还能给你带来精准流量和商业合作。在此基础上，它还可以带动后端商业变现，通过自身产品多维度变现，赋能你的个人品牌。

传递思想、方法、故事和价值观

一本书涵盖了非常系统的内容，有专业知识、方法论、故事、思想和价值观等。写一本书，就是在做系统的传播，比发布视频和文章更有穿透力、传播力和影响力。

打磨自己，给他人做典范

写书是一个极致打磨自己的过程，是一种非常好的自我探索和生命修行。同时，作为一种典范，也能影响身边人付诸实践，为自己的个人品牌添加一张新的名片。

◉ 创作第一本书要做四个积累

如果你刚开始写第一本书，那么我希望你能做一些积累，这样你的书会写得更好。

积累一些个人影响力

有影响力的人在写书和出书上更有优势。如果你有影响力，出书会更加顺利，图书出版之后也更容易打开销路，同时还可以获得更好的推广资源。

积累足够的专业知识

写书对个人专业知识的积累要求很高。储备越多，践行越多，写出来的干货就越多，图书价值就越高，与同类品的差异化也就越强。

养成每日输出的习惯

要写书，必须养成每日写作输出的习惯。平时多逼自己输出，写书的时候就能更轻松一些。

了解并找准目标用户

写书要聚焦，要清晰地知道你在为哪一类目标用户写。只有契合读者的需求，他们才会购买，这样你的书才会有更好的销量和影响力。

◎ 如何把书卖好

作为一个写书的人，我们要认识到，一本书的市场活跃周期是很短的，如果上市后几个月或者半年推广不起来，后面很难有什么销量。有经验的写书者大多都比较重视书的销售，注意让自己的书在市场上保持长期的活跃度。

如何保证书有比较好的销量，我认为有三个要点。

选题

如果书的选题具有市场销售潜质，内容质量又好，大概率会拥有比较长的市场销售周期。

内容经典

要想让一本书长期活跃在市场，内容起决定性作用，比如《人性的弱点》等书，就是内容比较经典，也因此有比较好的读者口碑，被很多读者推荐。

渠道推广

要想一本书有好的销量，离不开渠道的推广。当然，渠道推广也是建立在书的内容质量以及影响力之上的。对于写书的人而言，找到合适的出版社，可以为自己的书籍进行长期推广，也是一种很重要的赋能。

找到符合市场需求的切入口，聚焦一个细分领域，写一本内容有深度的书，更容易写出好书来。写书不在数量，而在质量。一本优质的图书所产生的影响力，远远大于一本表现平平的图书。

◎ 把写书当作个人品牌战略来做

我是把写书当作个人品牌战略来做的人，从写第一本书，到写第二本书、第三本书，写书是我打造个人品牌的重要战略。

通过写书，我不断地更新迭代自己，持续打磨自己。

我在搭建写作三六五平台时，就定下使命：让写作成为一种生命修行！

我最喜欢的一句话是：最伟大的成就，来自最长的时间和最大的耐心。写书需要的就是时间和耐心，特别是一部好的作品，更是如此。

6.4 如何增强品牌势能，三年实现指数级增长

什么是经营个人品牌？

我认为，经营品牌势能，才是经营个人品牌。

那什么是品牌势能？

我认为，能让别人说"哇"的东西，就是品牌势能。

要学会经营自己的个人品牌，就要长期经营好自己的品牌势能。

❍ 为什么要经营品牌势能

经营品牌势能，就是在经营他人对你的信心，你要维护好他人对你的信心。

很多时候，成交变现比较难，就是因为用户对你的信心比较弱，当用户对你的信心足了，很多事情就好办了。

我认为，经营品牌势能，就是在经营高价个人品牌。而所谓经营高价品牌，就是在持续经营别人对你的信心。

不是你觉得你厉害，而是你的用户觉得你厉害；不是你觉得你很贵，而是用户觉得你很贵，这才是经营品牌势能的核心逻辑。

每一个打造个人品牌的人，都要提前清楚这一点，这对于你未来的 IP 之路，会是一个很好的助推器。

❍ 品牌势能的三大认知误区

大部分的人对品牌势能是有认知误区的，我总结为三大认知误区。

品牌势能就是夸大效果和宣传

这是很多打造个人品牌的人对品牌势能最常见的开始时的理解，但我想告诉你，这是不对的。品牌势能不是夸大出来的，也不是刻意包装出来的，而是一种自然呈现出来的效果。

品牌势能就是造势

很多打造个人品牌的人对造势都不陌生。造势是为了吸引他人的注意力，但如果把经营品牌势能理解为造势，就是不够的。很多人为了造势花了很多的成本，却没有得到很好的反馈和长期的效果。

经营品牌势能，需要持续的积累，不是一次造势就能完成的，很多人忽略长期的发展，只注重几次活动造势，这样的个人品牌是走不远的。

品牌势能就是不断规划动作

经营品牌势能非常容易犯的错误，就是不断地规划动作，不断地瞎搞事，做了许多不必要的动作。那些跟你的品牌经营战略方向不一致的动作要大大减少。减少动作，就是在减少品牌损耗，换句话说，也就是在增长品牌势能。

破除对品牌势能的误区，才能更好地经营品牌势能。经营好品牌势能，才能打造高价品牌。

◉ 经营路线

要想打造好个人品牌，需要持续经营好品牌势能，这里我分享三个核心要点。

打造爆款口碑产品

做爆款口碑产品，就是一个非常好的经营品牌势能的方式。我身边不少 IP，就是因为做了一款好的产品，持续在做，然后口碑就建立起来了，势能逐渐增强了。

我回顾自己品牌势能的经营，就是做了一款写作训练营产品，把这个训练营产品做成了爆款口碑产品，然后获得了很多学员的信任，慢慢就把势能经营上来了。

后来，又出版了《终身写作》一书，这本书也成了爆款口碑产品，又进阶了一波势能。

我的势能提升，很大程度是因为爆款口碑产品推上来的，这也是经营品牌势能非常核心的一种方式。

打造高价产品

2020 年初，我因为推进了平台模式，使得势能提升了一大截。下半年，我又推进了一款高价咨询产品，平台的整体势能又进阶了一大截。

很多用户对于价格是非常敏感的，如果你的价格比较高，用户会认为你的品牌势能比较强，他们也会因此靠近，并深入了解你。

前 2 年，我关注过一个知识 IP，他的高端咨询产品，定价 20 万元 / 人，他的企业年度咨询定价 300 万，我会认为他的品牌势能比较强。

如果你能持续经营好高价产品，那么我相信你的品牌势能自然会越来越好，当然很多用户会主动靠近你，成为你的付费用户。

做大事件

我每年会规划 3 件大事件，做大事件本身就是在增强品牌势能。

比如，我现在每年都要出版一本书籍，出书就是我的一个大事件，因为书籍本身带来的影响力非常大。

除此之外，我还会规划线下大课，年度演讲等，这些对我来说，都是大事件了，每一次大事件，都会增强你的品牌势能，为你的高价品牌做赋能。

我走在持续做大事件的路上，也带领身边的核心学员，规划大事件和做大事件，这本身就是在经营个人品牌。

做好以上三点，就是在持续经营品牌势能，希望你用心做好这三件事，把自己的品牌势能越做越好。

◉ 我的品牌势能经营路线

作为一个知识 IP，要学会打造自己的势能经营路线，不断进阶，既要增强外在的品牌势能，也要增强内在的心理势能。

在经营品牌势能上，我有自己的经验和路线，总结如下，给你作为参考。

做一个 MVP 产品

刚开始起步时，我做了一个 MVP 产品：22 天写作训练营，这是最小化可行性产品。通过打造这个口碑产品，我开启了知识付费这条路，这一步是我经营品牌势能的起点。

做一个高价产品

接下来，我做了一款高价产品，也就是私教产品，一开始定价 2 万元。做高价产品，可以增强品牌势能，同时可以让用户更靠近你，加深对你的认识。到了一定阶段，我就会给学员规划高价产品，某种意义上，这就是在进阶他的品牌势能。

做一个持续的爆款产品

第三步是要打造一个爆款产品，这个产品可以是训练营产品，也可以是年度会员产品，还可以是私教产品。我主要打造了两款爆款产品：训练营产品和私教咨询产品。做持续的爆款产品，可以加深用户对你的认识，从而进阶品牌势能。

开一次线下课

对很多人来说，开一次线下课，可能就是一次非常大的进阶了，无论课程的时间长度是两天一夜，还是三天两夜。我从2020 年就开始做线下大课，一直到现在，还在持续开。一次线下课的筹备和举办，会大大增强你的品牌势能。

写一本专业代表性著作

写一本专业代表性著作，是知识 IP 专业沉淀和进阶的关键节点。毕竟打造个人品牌的人很多，但有自己专业代表著作的很少。我在 2019 年下半年就决定写书。写一本代表性著作，是一个大的转折，能对你的品牌势能进阶起到很好的作用。

开一次线下新书发布会

作品出版，一定要让你身边的用户知道这件事，这时候可以通过线下新书发布会告知你的用户你出书了。我在 2021 年 6 月出版了《终身写作》后，同年 7 月就在北京召开了第一次线下新书发布会，收到很多学员的正向反馈。把新书发布会当作一次大事件，做好宣传、分享和签售，可以给你带来很好的影响力。

持续出书进阶品牌势能

在打造个人品牌方面，大部分时间我都是在讲课，在打磨产品，在服务学员，同时我还在持续梳理知识体系，持续出书。继《终身写作》之后，我的第三本书也完成了。写书是进阶品牌势能非常好的方式。

作为知识 IP，我通过以上 7 步得以持续进阶品牌势能。每一个 IP，都要学会打造自己的势能经营路线，持续经营品牌势能。

打造个人品牌是一场人生修行，不仅在于持续进阶自己的品牌势能，而且在于持续地超越自我，通往生命更高处，成为更卓越的自己。

6.5 用长期主义战略思想，持续积累个人品牌资产

打造个人品牌，不要想着一蹴而就，也不要想着找到捷径，而是要按照正确的方法，长期坚持打造。

这样有了前面坚实的基础，你的个人品牌自然就立起来了，而且会越来越好。

◎ 为什么有人做不到长期主义

既然长期主义这么好，为什么很多人做不到呢？

我总结了三个原因，看有没有戳中到你的。

为生存所迫，不得不看重眼前利益

2021 年，我一直在做线下 1 对 1 个人品牌深度咨询，很多人都在问我，如何解决眼前的问题，如何快一点赚钱，如何让自己存活下来等。潜在的意思就是，"你不要跟我谈这么长远，先跟我讲，我到底如何活下来"。

但事实上，没有长期的规划，只解决眼前的问题，下一个

眼前的问题还会继续存在。不要用战术的勤奋，掩盖战略上的懒惰。

忍不住，等不了

有时候，很多人也知道不能只考虑眼前生存问题，但就是忍不住，等不了。

忍耐和等待非常考验人的内心，不是一般人可以做到的。

比如，一个公司白领可以忍受一个月不发工资；一个公司经理可以忍受三个月不发工资；一个职业经理人可以忍受一年不发工资；一个投资人可以忍受三年没有回报；一个企业家可以忍受十年没有回报。

不同的人，内心忍耐能力有很大不同，我们要看清楚不同人的"长期主义"边界。

认知匮乏，知行不一

做不到长期主义，归根到底是一个人的认知匮乏导致的。

因为看不远，才做不到，真的看到了，你就一定可以做到。知道做不到，那不是真知道，只有知道并且做到了，才是真知道，这便是知行合一了。

要做到长期主义，你要提升自己的认知，让自己保持知行合一的状态。

◎ 长期主义，是打造个人品牌的战略思想

以前我认为，长期主义只是一种做事的底层思想，后来，我总结为：长期主义是打造个人品牌的战略思想。

两者的根本区别是，一旦上升到战略，这个思想本身成为一种核心原则，需要在内心长期坚守。

在这个不确定性增加的时代，长期主义者会被优先选择，因为坚守长期主义的人，靠谱、稳定、有长期合作基因。

我很庆幸自己能以长期主义的思维，去规划自己的长期发展。

长期主义不仅指导我们做方向性的选择，还指导我们如何做人做事。

成为长期主义者，是让自己变得更好的关键。

◎ 深度践行长期主义，持续积累个人品牌资产

说起"长期主义"这四个字的缘起，真的特别有意思。2018 年，我听一位知名 IP 经常讲："让自己变得更好，是解决一切问题的关键。"

我就想，如果我也拥有一句金句，怎么说比较好呢？

带着这个问题，我进行了深度思考，"让自己变得更好，是解决一切问题的关键"，那如何让自己变得更好呢？

经过多次叩问，我就得到了下面这句话："坚持长期主义，才能让自己变得更好。"

后来经过仔细打磨，"成为长期主义者，是让自己变得更好的关键。"就成为金句在我们的平台流传开来，很多学员都被它深深影响过。

到现在，"长期主义"已经成为我们平台的超级思想。回想我自己 5 年多来走过的打造个人品牌的历程，其实就是长期积累的结果，是一点一滴践行出来的。

打造个人品牌是长期行为，需要持续打好基础。它不仅取决于你的一言一行，也取决于每一个产品、每一个事件推进后的品牌势能积累。

秉持长期主义的思维去打造个人品牌，持续累积自己的个人品牌资产，让你的个人品牌产生复利效应，并越来越有影响力。

第七章 实操案例：
从0到1打造个人品牌

7.1 浩阳妈妈的个人品牌进阶之路

最后一章是打造个人品牌的实操案例，结合前面的品牌认知与方法论，你会更清楚怎么一步步实现个人品牌的进阶。

第一个实操案例中的浩阳妈妈，是我的第一批私教学员，我们已经一起学习近两年时间。她的案例可以给到很多有一技之长的人很多信心和启发。

2013 年，浩阳妈妈辞去了某公司人力资源主管的职位，选择回老家照顾孩子，同时就近找了一份社区的工作，成为一名社区工作者。同时，她也一直在寻找自己的事业方向，虽然参加了很多的培训和课程，但一直没找到合适的机会。

同一年，她开始带着儿子浩阳开启了亲子阅读之路，在天津陆续举办了 50 多场公益亲子读书会，带领 300 多个家庭开启亲子阅读之旅。这件事，她一干就是 6 年。她很想把亲子阅读板块推广开来，但一直不知道如何当成事业来做，这让她困惑了很久。

2020 年 8 月，她找到我做战略咨询，我帮她规划了在亲子阅读领域的事业蓝图和几件关键事件。

回去之后她就开始发售私教班，不到两天时间就完成了第一批私教学员的招募。现在，她已经做出了百人付费年度会员群，还做出了高端私教社群，全职走上了个人品牌轻创业之路，顺利完成了职业转型。

下面，我来拆解一下，我是怎么一步步带她打造个人品牌的。

◎ 定位：用全部的力量集中一点

浩阳妈妈来找我之前，听了不少课程，但一直停留在"学学学"的层面，没有解决核心问题。像她这样的人是挺多的，虽然学了不少东西，但没有学深入，又缺乏长期规划和深耕的方向，导致无法达到理想的目标。

浩阳妈妈是一个很有冲劲也很有耐力的人，只是苦于找不到切入点。她第一步要做的就是定方向。

沟通时，我就问她："你是怎么思考的，想选择在哪个细分领域深耕？"

她说："我想做亲子写作，因为我有一个大群，里面有很多宝妈在跟着我做亲子阅读，如果有亲子写作的课程出来，她们可能就直接付费加入了。"

我说："那你得考虑一下，亲子写作是一个很小的细分领域，我分析了市面上几个大的平台，亲子写作的课程卖得都不多。你应该做你更擅长、市场需求更大的亲子阅读领域，毕竟你已经带孩子践行亲子阅读6年了，而且有两个亲子阅读公益群，这是很好的基础。"

看她有一些迟疑，我就给她一层层剖析利弊和市场环境。她听了之后说："要么我亲子阅读和亲子写作一起做吧，这样可以兼顾。"

我跟她说："用全部的力量集中一点，才能把一个领域做透彻，后期才有可能实现大爆发。"

很多人都认为做的产品越多越赚钱，其实不是这样的。

最重要的事情只有一件，选择把一件事情做透彻，才能赚更多钱。

所以，我建议浩阳妈妈放弃亲子写作，只专注在亲子阅读这个细分领域。

集中做一件事，远胜过你同时做十件事。兼顾做十款产品，远不如集中精力做好一款产品。定位，就是集中力量在一个点下功夫，然后实现大爆发。

◎ 产品：规划产品体系和发售新产品

定位好要进入的领域后，我又帮她定位了标签：亲子阅读教练。教练的角色更适合给孩子和妈妈做指导，"教练"这个词很适合她。

有了定位，接下来要做的就是规划产品，有产品才能实现商业变现。

具体怎么操作呢？

我们不仅要规划产品，而且要规划整个产品体系，这涵盖了前端产品、中端产品和高端产品，还要为每个产品进行详细的包装。就如何包装产品的内容逻辑、如何交付自己的产品、如何确保课程的质量、如何打通线上和线下等，我都逐一进行了分析。

分析完，我帮她定了第一个产品：两个月的私教班，一开始把课程做好，并强化服务。考虑到她有自己的亲子阅读公益群，我建议她另建新群发售第一期私教产品。

做私教班除了可以积累成功案例，还要打磨课程体系，同时要学会深度服务学员，帮助解决其核心问题，这些对于开启知识付费之路都有很大的帮助。

第一次发售付费产品，浩阳妈妈很紧张，跟我说了她的各种担忧："我之前做亲子阅读都是免费的，现在突然要收费，我很紧张，不知道那些妈妈们会怎么看我。"

我鼓励她说："你放心推就行，肯定能招到人，而且我预料很快就会招满。"

为了给她信心，我还说："如果你自己招不满，我在平台付费会员群帮你招募，直到你招满为止。"

听到这个，她一下子就有信心起来了，说："好的，老师，我这就用心准备，积累心理势能，开始做私教产品的发售。"

有些人不是能力不行，也不是没有方法，而是信心不够。这时候，需要给到他们足够的信心，推他们一把，就可以帮助他们完成突破，而这一步的突破至关重要。

果不其然，不到两天时间，浩阳妈妈的私教课就招募满员了。虽然还有一些人要报名，我告诉她先带好已经招募到的这些，其他留到下一批，做好口碑建设。

后面，我还为浩阳妈妈规划了年度会员和年度私教，又做了两次重要发售。现在她的会员已经做到上百人，私教定价做到近万元，整体推进得非常稳定。

◎ 蓝图：扩大"事业蓝图"100倍

做完第一次产品发售后，我开始帮浩阳妈妈规划亲子阅读的事业蓝图。

我说："现在完成的是从0到1，做了第一阶段的起步，只是个开始。虽然按照这个节奏推进实现一年几十万元的营收没有太大问题，但长期来看要想做得更好，就要规划事业蓝图，进一步升级打造个人品牌的思维和方法。"

做教育培训，不能走一步看一步，而是要有长期的规划，站在整体看每一步的推进，这样更容易做出结果。要想把自己的力量放大100倍，就不要让自己的能力被限制住，成立亲子阅读学院，就是把自己的能力复制100倍出去。我这样来给她规划亲子阅读学院，也是让她构建一个整体的思维。

在给机构起名时，我建议不用她的真名，而是直接用"浩阳妈妈"这四个字，将品牌名字与机构名字合二为一，以降低传播成本。

她采纳了我的建议，将自己的定位也加在机构名称中，以便调动身边的资源，机构名称最终定为：浩阳妈妈亲子阅读学院。

有了这样一个规划，浩阳妈妈顿时有了做事业的感觉，而不再只是做个付费产品，内在的空间一下子被打开了。

打造个人品牌要规划自己的事业蓝图，要有整体感，而不是一味做事和服务学员。

一个人只有更高维的认知，才能把一份事业做得更好。不仅要定位，还要定战略，这样在执行的过程中才不会迷失方向，也不会间接性遇到瓶颈。

○ 蜕变：简单相信，就可以拿到结果

有人问浩阳妈妈："为什么你可以成长这么快？"

不用她自己回答，在她身上，我看到作为一个学员最优秀的品质：简单、相信、听话、照做。

凡是我说的话，她都听进去了；凡是我说的重点，她都记下来了；凡是我布置的任务，她都能准确地执行。

在跟着我学习的这段时间，她总结自己主要有两个变化。

第一，定位清晰了，资源会主动靠近她，做起事情来更容易。

定位到亲子阅读教练后，我就让她持续在朋友圈输出，强化亲子阅读教练的标签。这让她身边不少人都会私下跟她咨询这方面的问题，还有些人直接报了她的私教班。

更重要的是，确定了这个定位后，不少群主邀请她去社群分享亲子阅读方面的内容。我相信不久的将来，她也会收到线下分享的邀请。有了自己的个人品牌，很多优质的资源会主动向你倾斜。

第二，能吸引更多高能量的人，帮助他们对接资源。

浩阳妈妈开设了自己的私教班后，我就让她开始对接其他优秀专家去她的社群做分享。突然多了很多专家，社群能量一下就起来了。同时，我告诉她给这些专家也做一下推荐，帮他

们吸引更多目标用户。

平时多注意给这些帮助过你的人对接资源，就能做到互利共生。

当你的品牌升级之后，自然会吸引到有能量的人，你的势能就会大大提升，进而带动你的财富和影响力升级。

◎ 愿景：许下一个美好的愿望，给事业赋能

浩阳妈妈在我的私教学员中能力不算是很强的，但是她很相信我给到她的方案，执行也很到位，所以整体推进比较快。

打造个人品牌是一个系统工程，需要系统思维与整体推进，如果能有一个专业的老师给予你方向与指引，就能少走很多弯路。少走弯路，就是最快的路。

在做的过程中，我还指导浩阳妈妈树立推广亲子阅读的愿景。发一个美好的愿，可以很好地赋能自己的事业。最终我跟她协商定下了这个愿景：帮助更多的孩子爱上阅读，用阅读点亮生命。

有了这个愿景，她一下子感觉整个人很有力量，觉得这份事业可以帮到很多人。

我想说的是，每个打造个人品牌的 IP，一定要有利他思维，要思考自己能为这个社会解决什么问题，要传递一个什么样的价值观。当你站在更高层面去做一份事业，事业会给到你更多回馈。

打造个人品牌，是非常有价值、有意义的一件事，既可以

发展事业和创造社会价值，还可以累积个人终身影响力。

思考一下，假如你从此刻就开始打造个人品牌，你会如何不断扩大"事业蓝图"，进阶自己的品牌势能，你的未来又会是怎样的一番天地呢？

通过打造个人品牌，浩阳妈妈改变了自己的人生轨迹，某种程度上，也改变了自己孩子的人生轨迹。

未来可期，祝福浩阳妈妈能够带领更多孩子爱上阅读，用阅读点亮他们的生命，绽放出生命的精彩。

7.2 "80后"农村宝妈如何通过写作打造个人品牌

这个实操案例，对很多起点非常低的人来说，很有参考意义。读完这个案例，你会发现，即使再平凡的普通人，也可以打造属于自己的个人品牌。

她叫耿艳菊，一个地地道道的"80后"农村宝妈，只有初中文凭，她是我私教学员中学历最低的，但她的成长和突围让我看到了向上的力量。

她在找到我们之前，除了每天在村里的工厂上班，还要下地干大量农活。除此之外，她还要照顾卧病在床的父亲，以及目前年龄尚幼的孩子。有一次，我的同事慧子私下跟我说，艳菊为了完成每日打卡作业，每天凌晨4点就起来了。

我深感她的不容易，但从来没有听到过她对生活的抱怨。

她的这种毅力和积极的心态感染到了我，我想，如果有机缘，一定要帮一下她。

2020年下半年，我招募第一期私教学员，她就报名了。我记得很清楚，当时她是第一个报名，她对改变的那种渴望打动了我，经过两轮审核后，她成功加入了进来。

改变有时就是做一个决定，她加入之后，开始从0打造自己的个人品牌。不到三个月，她就辞掉了原来的工作，不到半年，她就招募了两期私教班，全身心投入到自己的个人品牌事业中，找到了生命中最重要的那件事。

一年多过去，她已经连续开设了10期写作私教班，服务了几十位付费学员。接下来，我来细细剖析一下农村宝妈耿艳菊的个人品牌进阶之路。

⊙ 定位就是定心，找到生命中最重要的事情

2020年，我们平台做写作训练营做得如火如荼。艳菊加入平台后，就开始担任辅导老师，带了很多期22天写作训练营。

做辅导老师，考验的是一个人的运营和联结能力，但打造个人品牌不一样，第一关面对的就是定位问题，你要找到自己深耕的方向。

在找我定位前，她也曾经试图给自己做过定位，但都不大清晰，方向总是定不下来。后来，她想着还是要找专业的老师帮忙，就找到了我，希望能把方向定下来，未来针对性做持续积累。

我常跟学员说，定位就是定心，只有把方向定下来，心才能定下来。

后来，我给她做战略咨询，问她："你想在哪个细分领域深耕？"

她说："我就喜欢写作，写作能让我静心，带来自主感，并且能带来力量，我也想把这些传递给他人。"

我分析了一下她的情况，以及她现阶段的技能与资源，然后跟她说："非常好，那我们大方向就定在写作细分领域，你只要扎扎实实做就行。"

她有点犹豫，跟我说："老师，我有点担心，写作现在已经有很多人在做了，大咖也蛮多的，我还有机会吗？"

我坚定地跟她说："任何一个细分领域都有大咖，都避免不了竞争，不过可以做跟大咖不一样的事，你就有机会，比如，大咖不愿意做一对一指导，你就可以做一对一指导；大咖不愿意做跟变现和转化无关的事，你就可以做这些事，这就是你的机会。"

看她若有所思，我继续说道："其实，你的情况我基本已经清楚了，你写作的功底我也知道，做写作细分领域你是有优势的，因为你热爱写作，同时你也一直在写，有很好的基础，另外，你在写作上非常执着，只要坚持做下去，就可以越做越好。根据你的情况，我给你定位为：写作赋能教练，帮助普通人建立写作的信心，让他们不仅能持续写作，还能写出一篇篇优质的文章来。

"普通人只看写作能不能变现，能否给自己带来价值，但如果写作能增强自身信心，同时能输出一篇篇优质文章，且能做长期个人品牌传播，这本身就是很宝贵的财富。

"所以，你要做的任务就是，帮学员打好写作基本功，提升写作系统能力，这是写作变现的基础，也是很多写作者忽略的，如果你能做好这件事，就有很大的机会。"

我说完这些，她一下子方向就清晰了，信心顿时充足了起来。

定位，就是找到生命中最重要的那件事，然后在这件事上持续打磨，打磨深入，打磨透彻，这样结果就会自然呈现。

❂ 构建知识体系，打造个人核心竞争力

做完定位，后面很重要的一步，就是梳理知识体系，这是打造个人品牌的关键要素。

如果你要给自己贴一个标签，说自己是某某专家、某某导师，要想有说服力，就需要呈现自己的知识体系，以及体系的背书和作品，这样才比较能说服别人。

具体怎么做呢？第一，提升专业实力；第二，提升专业背书；第三，打造专业作品。

我跟艳菊逐一讲了如何做好一门微课，如何构建系列课等，目的就是让她清晰地知道如何构建知识体系，以及知识体系对她打造个人品牌的重要性。

不到两个月时间，她就把私教课程体系打磨出来了，为她私教班的推进做了非常好的准备。因为我给她做的定位是写

作，所以还让她看了我做的 22 堂写作系列课，让她清楚我做课程的逻辑，明白课程内容的侧重点。

我还推荐她去看一些有关传统文化和哲学类的书籍，不断提升自己对经典文化的理解，这样可以丰富个人品牌内涵，同时，对搭建知识体系也会有很大的帮助。

所以，当你清楚自己的定位之后，一定要夯实自己的知识体系，并持续打磨，让自己真的能配上"专家"这两个字。只有这样，你的个人品牌之路才会越做越深，越做越有影响力。

◎ 规划产品体系，从 0 到 1 单点突破

定位和知识体系梳理完，接下来我又帮艳菊规划了产品体系。

很多人拥有一技之长，但无法把技能转化为产品，即使转化为产品，也不知道如何做包装和销售，这导致做出来的产品无法进一步推进。

规划产品时，专业的老师会协助你对整个产品体系做系统布局，做好前后端产品的衔接。

根据我对艳菊的长期了解，她在圈子的经营上弱一些，本身的用户基数也不大，不大适合一开始就做训练营产品，但可以从小班私教做起，通过深度服务积累口碑和信任。

所以，讲清楚产品规划逻辑后，我帮她规划了第一个产品：艳菊写作私教班，为期两个月。她在我们平台做过很多期辅导老师，在学员中积累了不错的口碑，做第一期私教班招

募，问题是不大的。

即使如此，在做第一期学员招募时，因为没有发售产品的经验，她依然有自己的担忧所在。

我看出了她的担忧，平静地对她说："你先选择在自己深度服务的小群内推，招募第一批私教学员。如果这样做还没有招募满的话，到时再拉一次新的社群，做一次外部发售。"

她在听我一步步讲完招募流程与细节后，也渐渐有了信心。关键时刻，我给她打了一针强心剂。

招募开始前两天，我还跟她对接了好几次，确保她准备好了，才让她开始对外招募。果不其然，不到 24 小时就完成了第一期私教的招募。我跟她说，这一期先招这么多，先把这些学员带好，带出口碑，后期招募就简单多了。

她确实很听我的话，很用心地带私教学员，每天很认真地输出内容和写朋友圈，并且逐渐完善自己的体系，为下一次招募持续积累能量。

◎ 第二次产品发售，深度服务你的用户

有了第一次产品发售，第二次发售就有经验了。其实不仅仅是经验，更重要的是信心，是经历过从 0 到 1 后积累的信心。

很多人在做第一次产品发售时，会有恐惧和担心，这非常正常，但经历过从 0 到 1 后，信心就会增长，因为做过了也就觉得没那么难了。

那如何才能让下一次发售更有底气呢？

答案很简单，这也是我对每一位私教学员说的：你只要做好交付，尽力帮助学员拿到结果，获得改变，把产品交付出口碑来。

有了口碑，有了好的案例，下一次再做招募，你一定会更有底气，还能吸引到更加精准的目标用户。

我对艳菊是这样说的，更重要的是，我自己也是这样做的。

她在写复盘文时有一段话让我非常感动，她说："在老师精心的带领引导下，我不断地打开思维，为内心注入了强大的能量。我懂得了一个普通人怎样打造个人品牌，以及怎样一步步推进，除了满满的干货，我的内心也被注满能量。

"于是，就有了自己私教班的开启，正是因为懂得交付的价值，才更懂得如何对待私教学员，我暗暗下定决心：一定要给予认可我的伙伴最大的价值，就像 Peter 老师对待我一样。"

当你深度服务学员，给到他们足够的价值时，你的学员是可以感受到的，并且他们也会被注入"深度服务"的思维。因为只有深度服务，才能做出口碑影响力，学员才会选择跟随你更长的时间。

后来，艳菊做第二次产品发售时，我让她做了好几项准备工作，在上一次发售的基础上做了进一步的迭代。最终她如愿以偿，不到 24 小时第二期私教班圆满招募成功。

如果说从 0 到 1 是事业的开启，那么从 1 到 10 就是事业的经营，当我们有了这样的经验和智慧，做很多事都会得心应手。

◎ 打造专家品牌，建立信任影响力

我在打造个人品牌时，分享过九字做事理念：不骗人、不贪多、不求快。

打造个人品牌要坚持在自己的专业领域深耕，做好这九个字，你就可以建立持续的信任影响力。

我曾经在做年终复盘时讲过一句话：如果你能把一件简单的事情做到极致，那么你终将可以做成一件伟大的事情。

这句话放在艳菊身上非常合适，她是一个起点比 99% 的学员都低的人，但今天她走上了打造个人品牌之路，并做出了自己的成绩，这给了很多像她一样普通的人信心和力量。

我想 3 年之内，她就可以把这项事业做得非常好，并且能够建立自己稳定而有影响力的个人品牌。

这个案例之所以放在这本书中，是因为我觉得能够把艳菊这样的人带出来，我真的很欣慰，很开心，很自豪！

曾几何时，我也是这样的一个普通人，渴望做自己喜欢的事，但苦于没人带领，自己一路摸索，才做出了一些成绩。

但今天我践行出来了，也知道怎么做了，所以开始手把手带我的学员，也让他们深度理解，深度践行，少走诸多弯路。

希望你也能像耿艳菊一样，通过打造个人品牌，实现自己的人生跃迁。

7.3 18年客服销售如何开启个人品牌轻创业之路

这个实操案例，对很多做销售和客服的人员会有很大的启发。我也做过销售和客服，知道改变自己的命运有多难，但这个案例可以为你提供信心。

这个案例的主角叫李子，是一位虚拟现实技术公司的客服销售人员，兼项目管理角色。

我刚认识她时，她在这个岗位上已经工作了5年，每天上班通勤来回需要花好几个小时。她一直在努力寻找其他可能，去学习演讲，练习声音，专研读心术等，目的只有一个，就是：改变当下的生存状态。

我第一次在线下见到她时，感觉她焦虑忙碌，又有点不知所措。到现在一年半过去了，她通过我们的帮助，以及自己的持续努力，打造出了声音细分领域的个人品牌，开启了轻创业之路。

2021年10月，她正式辞职，全职来做声音私教这件事。我们平台不少学员报了她的私教班，口碑反响都不错。可以说，她找到了自己一辈子努力奋斗的事业，这也是她生命中最重要的一件事。

2022年2月，她一个月的收入已经稳定到2万元左右。现在，她的定制年度私教产品定价已经上万元，收入持续稳定上涨，个人品牌事业也越做越好。

我也看到了她的进步，为她感到高兴。

接下来，我为你一步步剖析，声音美容私人教练李子的个人品牌进阶之路。

◎ 品牌定位：从多个标签砍到只有独一无二的标签

李子第一次来线下见我时，身上有好几个标签，我特意花心思帮她做了砍标签的工作。从演讲、读心术，再到声音等，逐一分析利弊，最终砍到只剩一个，那就是：声音美容私人教练。

从好几个标签一下子砍到只有一个，任何人内心都会非常抗拒。因为砍的不只是标签，还有兴趣和对应的收入。

但我跟她说，必须只留一个，综合分析后发现，做声音教练这件事是她最为热爱的，也是她能力圈中最强的，而且声音美容这个市场很有前景，价值也很高。

一个定位好不好主要取决于四个要素：第一，是否热爱；第二，是否在能力圈范围内；第三，是否高价值；第四，是否有市场空间。

分析下来，这四点都是满足的，于是就留下声音美容这个标签，这就是她的精准定位。

定位就是定终身，最重要的事情只有一件。

定位就是找到你最大的天赋，然后在这个高价值标签上下足够大的功夫，直到形成核心竞争力为止。

同时在三个标签上下功夫，远远比不上在一个标签上下功夫。后者能让你更快出成绩，重要的是能让你定心和安心。

确定了标签，我又帮她规划了后期的落地和行动方案，让她先发售私教产品，正式开启第一期私教班服务。

第一次发售很成功，她也顺利招满了第一期私教学员。在做私教的过程中，她也遇到一些服务问题，不过她做得比较认真，对一些细节还特别较真。

有一次，她的一位私教学员私下跟我说起这件事。我说："这很好，私教就是认真地服务，把服务做细致，把学员带出好的结果，就应该这么做。"

还有一次，我跟她做语音辅导，她跟我聊了私教方向与后期策略，当时她还想做一些前端引流产品，都被我否决了，让她专注做好私教这一件事，暂时不要看别人怎么做，先做出自己的口碑和结果来。

就是因为定心和专注，她在这条路上现在走得越来越有感觉，吸引的学员也越来越多。

○ 下定决心：被逼下定决心，全职开启个人品牌轻创业之路

下决心很难，特别是对于之前没下过大决心的人，真的是非常难。但如果不下定决心，就无法超越自己，上升到更高的台阶。

2021 年 4 月，我去北京给私教学员做一对一咨询，正好李子也在北京。我除了跟她探讨后期要做的事情，还帮她规划了个人品牌商业路径，我们聊得非常开心。我借着机会跟她说："你是很有能力的人，可以考虑从公司辞职，全职来做声音这个细分领域，把声音私教这件事做得更好。"

她听了有点惊讶，感觉内心受到了极大冲击，我的话触碰

到了她一直想却又不敢去做的那个东西。当时，她表现出极度的恐惧，同时对未来走这条路没有太大的信心。

这是本能反应，非常正常。

我当时就很清楚，她可以把这条路走出来。李子在我们线下大课拿过演讲比赛冠军，是一个非常有能力，做事又很认真的人。而全职做跟兼职做相比，能量是完全不同的。

我很确定，她需要下一个决心，这个决心可以帮助她早日把这条路走通。但当时她是不敢想的，因为她不确定是否可以真正做到。

因为恐惧，所以内心不敢，行动上就会迟疑。不过 6 个月后，她终于下定了决心，从公司辞职，全职开启了个人品牌轻创业之路。

我为她的这个决定，感到高兴。

全职打造个人品牌的半年时间里，在我们的指导和自己的努力下，她的进步很大，也有更多的时间深入做这件事情，为此她非常满足和开心，觉得自己走上了一条真正要走的道路。对她来说，这就是一次大升级。

◎ 私教打磨：跑通私教模型，把私教做成核心产品

我当时根据她的资源和能力，给她定位的就是专注做私教产品，暂时先不做其他类型的产品，把私教产品做出真正的口碑影响力。

她就按照这个定位扎扎实实、认认真真去做，现在她有两

款私教产品：一款是小班制的私教，一款是定制化的私教。

这两款私教产品，她做得都很不错，每一期报名的学员也一直比较稳定，我经常能收到她给我的私下报喜的信息，并为她感到高兴。

我跟她说："李子，你就专注做好这两款私教产品即可，不用想着做其他产品，以免过度耗费自己的精力和心力。"

人性是散焦的，很容易分散精力到其他事情上去，结果导致原本在做的事情做不出口碑赚不到钱，其他事情也不一定能做出结果。

仔细一算，实在是得不偿失。我们把认知提到更高的位置看，聚焦就是最好的捷径，可以让你少走很多弯路。

我私下帮不少私教学员做过产品和项目割舍，让他们定期回归，聚焦到自己本身做的事情上，做得更到位、更透彻，做出更好的成绩来。

○ 品牌升级：持续打造个人品牌，升级个人影响力

打造个人品牌，对于很多有技能、有知识、有才华的人，是一条非常好的道路，特别是在移动互联网时代。

我就是通过这样的方式开启了轻创业之路，身边越来越多的学员也通过这种方式走了出来，这让我感到非常欣喜。

以前，我觉得打造个人品牌非常简单，只要在自己的专业深耕就好了，通过专业功底就能吸引到很多潜在用户。但深入研究与践行后，我发现，要想把这件事做好，还需要全方位升

级，专业功底只是其中的一个重要基础。

比如，你需要写好文案做好营销，也需要拍好短视频，做好直播，推广自己的产品，同时你还要做课程、写书，进阶自己的品牌影响力等。

要想做出有影响力的个人品牌，就需要根据自己所处的阶段，在多个维度下功夫，全方位进阶个人品牌。现在，李子就走在这条路上，她的私教班已经开到快 20 期了。

有次跟李子沟通之后，我问她："开启了个人品牌轻创业之后，你有哪些重要收获？"

她分享了三个关键点。

第一，有了清晰的定位，心定了，做事更加专注，也更加安心了，声音私教细分领域也越做越好；

第二，周围形成了专家生态圈，以前身边没有那么多深度链接的专家，现在与这些人互相赋能，感觉非常好；

第三，越来越多的学员认可她的专业和服务，报名她的私教班，这让她对这条路越来越有信心。

当你开始聚焦一个细分领域时，会迸发出很多新的思维，这些思维能让你把这个领域做得更好。另外，当你实力越来越强，就会有更多学员主动靠近你，选择付费成为你的学员。

做教育的人，都在通过自己的专业和服务点亮他人的生命，李子是这样，我自己也是如此。我们都走在了这条点亮他人的轻创业道路上。

每个有技能、有才华、有知识的人，每个身居一线的销售和客服人员，都可以像李子一样，打造出自己的个人品牌，开启属于自己的个人品牌轻创业之路，拓展人生的可能性。

7.4　思维导图专家宝石哥怎么打造个人品牌

下面宝石哥的案例，可以让你看到，只要敢于突破自己，你也可以借助时代的趋势，打造属于你的个人品牌。

曹宝石，我们都称他为宝石哥，一名"70后"，在一家国企单位一线技术岗位上干了整整16年后转型做管理，日常工作中会借助思维导图进行梳理。

这个习惯让他在短短几年时间内画出了超2000张思维导图，真是日拱一卒带来的积累。因为工作的瓶颈，他一直在寻求事业上的突破。

2019年，他就在线上寻找适合自己的平台学习和发展，很渴望把自己的这门手艺推广给更多需要它的人，也一直试图找到合适的方式。

2021年4月，他申请成为我的私教学员。这个决定让他在推广思维导图这条路上翻开了崭新的一页。

申请通过后，我给他做了一次战略咨询，之后我就开始推动他发售私教产品。在我们的共同努力下，他顺利开启了第一期思维导图私教班，完成了从0到1的突破。到现在，他已经连开了9期私教班，每一期的名额都被提前预订，做出了自己的口碑影响力。

接下来，我为你逐步剖析宝石哥的个人品牌进阶之路。

◎ 定位：精准定位，把一个点做透彻

给宝石哥梳理定位时，我轻松不少，因为他在思维导图上有足够多的积累，并且对这件事本身很热爱，也一直想要做这方面的推广。另外，思维导图这门技能，市场也是非常大的，很多人需要学习和掌握这门技能。

就这样，我直接给他定位为：思维导图专家。

定个标签很容易，难的是，如何一步步把这个标签做强大，让更多人知道你的专业，认可你的专业，并为你的专业付费。

我给宝石哥做战略咨询时，根据他的特性，与他沟通产品交付方式，就给他定了第一个 MVP 产品：宝石哥思维导图月度私教班。

我跟他说："你这个产品定下来之后，就要好好做，把它作为你最前端的私教产品做透彻，这个产品做好，后面就不愁招募学员了。"

这是我常给学员灌输的"近悦远来"的服务理念，意思就是近处的学员服务好了，远处的学员自然而然就会过来找你的。

很多人对做产品存在误区，只是推广产品，却没有给到用户很好的交付。产品做不出口碑，就会非常影响后期的推进。

产品之间有很大的关联，一个产品做不好，就会直接影响下一个产品的推广。把一个产品做到 90 分甚至 95 分，会大大优于做两个产品却只能做到六七十分。

定位需要聚焦，做产品也需要聚焦。

◎ 突破：消除恐惧，发售你的新产品

我记得，刚开始推进宝石哥做第一期私教班时，他心中有很多顾虑和担心。虽然这些在我看来都是多余的，但对作为新手的他来说，这件事很关键。如果不消除内心的恐惧，他就很难到达下一个阶段。

于是，我就安排他先写新产品推广文案，同时限制了截止日期。文案写好，我先在自己的付费社群里进行了推广："宝石哥要开思维导图私教班了，他在这方面非常专业，大家如果有需要，可以参与他的第一期私教班。"

没想到，他的私教班一下就被预约满了，关键是，他还没有正式对外招募，写好的文案都没用上。

这个结果也大大出乎他的意料，看到这么顺利就招满了人，他的热情也被点燃了。

后来，他在私教群里跟我说："感谢 Peter 老师助推我，让我成功跨出了这一步，现在，我整个人轻松多了。"

通过指导学员，我发现：有些人很多时候不是能力不行，而是信心不够。这时，就需要给到他足够的信心，然后狠狠推一把，就可以帮助他实现从 0 到 1 的突破。

作为咨询师，有时充当的就是心理咨询师，帮助学员消除恐惧完成进阶，也是咨询师一项很重要的能力。

◎ 持续：迭代产品，持续推广产品

第一期私教班做到一半时，我就告诉宝石哥要考虑筹备第二期私教产品的推广了。

因为他的私教班是为期一个月的，需要提前半个月准备招募，这样下一期就能直接接上，避免中间衔接不上。

一开始，他在朋友圈推广比较少，我就指导他一步步布局朋友圈，教他怎么写好朋友圈，以及怎么做持续推广等。

这些动作非常细，但对私教学员都必须得教，否则他们理解得就不深刻，后期很多动作做不到位就得不到预期的结果。

通过朋友圈的推广，陆续有学员提前预约他的私教班，加上做的一些跟其他品牌专家直播连麦的活动，又带动了一些学员报名。就这样，宝石哥的私教班就一期一期推进下来了。

后来，我建议宝石哥也做直播，一开始他是抗拒的，在我的强烈要求下也做起来了。他看到了直播的效果，后期还做了短视频传播的工作，对他的私教班招生起到了一定的助推作用。

推广产品很重要，打磨升级产品更重要。

期间，我辅助宝石哥不断迭代产品。我告诉他，每一期产品都要做升级，这样学员的体验就会更好，也会有更多人愿意推荐他的私教产品。

为了让私教学员更好地打磨产品，我还专门与他们分享了如何设计课程，如何开展训练营，以及如何优化和迭代私教产品。这提升了我们的私教学员进一步打造个人品牌的意识，也能帮助他们把产品打磨得品质更高、更具口碑。

◎ 布局：布局产品，打造新的高端产品

在平台组织的一次游学过后，我跟宝石哥沟通了他后期的产品设计。那时，他只有时长为一个月的私教产品，推进得很稳定。

我跟他说："宝石哥，你现在只有一个私教产品是不够的，需要做定价比较高的高端产品做后端承接。"

为什么要设计高价产品呢？

答案很简单，因为高价产品可以筛选出一批铁杆用户，他们更愿意跟你一起往前走；同时，高端产品还可以提升品牌势能和增加收入。

我给宝石哥分析了两种高价产品的路径，其中孵化思维导图培训师种特别适合他。他可以带出一批人，复制他的课程体系，一起来推广思维导图，这样可以扩大事业版图，他也有这个能力来做。

他觉得这个思路非常好，一下子看到了方向，也知道接下来要准备做什么了。

有时候，学员不是缺能力，而是缺少大方向的指导，作为咨询师，就要帮助学员及时做好规划，帮学员清晰未来的发展方向。

后来，我又再一次提醒他要早日把产品设计出来，可以先预售，一边做一边迭代。

打磨任何一款产品，都不要秉持完美主义，认为所有都准备好才能开始做，这样想反而很难真正做好。打磨产品，跟打

造个人品牌是一样的，都是边做边完善，一下子就做到95分可能性不是很大，从70分逐渐优化到90分乃至95分，这样的路径更加靠谱。

◉ 品牌：经营势能，持续积累个人影响力

打造个人品牌，要有长期主义思维，注重累积终身影响力，不断提升自己的价值。

宝石哥打造个人品牌的半年里，他也发生了一些重要的改变。

第一，有不少专家加入他的思维导图私教班，包括公益协会会长、文案教练、直销团队长、写作教练、集团酒店培训师等，这是他以前不敢想的。

第二，有平台和企业邀请他线下做思维导图培训，也有不少人邀请他做线上社群的分享和直播连麦分享等，这也是他之前没有预料到的。

通过打造自己的个人品牌，宝石哥不仅做出了口碑影响力，收入有了大幅度提升，更重要的是个人影响力也在持续升级。

我还跟他探讨过做自己的思维导图学院，把这件事当事业来做，这样他就可以更好地推广思维导图，把这门有价值的技能带给更多人。

思维导图背后就是一套思维系统，只是通过思维导图的方式来呈现。宝石哥作为思维导图专家，通过推广思维导图核心

理念，让更多人通过思维导图改善思维方式，提高学习和工作效率，进阶生命层次，这件事本身就非常有意义。

对于很多想突破自己的人来说，宝石哥的实操案例，也许可以给你信心和方向。只要你想要打造个人品牌，也可以像宝石哥一样，做出自己的品牌影响力。

后记

⊙ 打造高价个人品牌的 10 个心法

（1）定位就是定终身，聚焦一个细分领域，一辈子傻傻地坚持。

（2）长期苦练各个维度的基本功，尤其是心性和专业的基本功。

（3）坚持长期经营信任影响力，构建用户对你的长期信任。

（4）长期打造爆款口碑产品，让你的品牌更具穿透力和影响力。

（5）服务精准的少数人，影响更多人，用 90% 的精力深度服务 10% 的人。

（6）长期打造超级成功案例，是打造高价个人品牌的关键。

（7）顶尖的品牌在传播思想，构建超级思想，成为它的超级代言人。

（8）说我所做，做我所说，知行合一，是长期保持良好口碑的关键。

（9）坚持长期做难而正确的事，持续超越自我，成为思想和精神的引领者。

（10）耐得住寂寞，经得起诱惑，坚持长期主义，允许自己慢点成事。

致谢

从我 2017 年跨上自媒体之路开始打造个人品牌，到现在已经 5 年多了。一路走来，我经历了很多，也付出了很多，这本书记下了我这一路的经验。

这本书算是《终身写作》这本书的 3.0 版本，能够把这本书写出来，我感到非常开心。

在从事教育培训、打造个人品牌的路上，我要感谢那些给予我支持和帮助的人，特别是我的核心团队成员：慧子、奚晓华、孙杰、李花平、耿艳菊、吴佩纯、姚杏、王玉倩。没有他们一如既往的支持，我也不会走到现在，更不会做到现在的影响力。

除此之外，我还要感谢我的核心学员们，他们也是我持续做下去的动力：森森、浩阳妈妈、因欣、张静、穆怡婷、阳光微笑、徐锋、张宇、蒋晓玲、白云蕊、依依妈妈等。感谢他们对我的信任和支持。

在这里，我也要感谢我传统文化的启蒙老师吕江禹呈先生，以及个人品牌打造的启蒙老师王一九先生，他们让我更好地做自己的事业。

这本书的创作和出版过程中，我得到了很多朋友的支持和帮助。写书哥帮我对接了清华大学出版社，我的核心团队伙伴协助我修改了书稿。在此，我要向他们表示诚挚的感谢。

最后，我要感谢我的家人、我的父母，还有岳父岳母。另外，最要感谢的是我的太太，她给了我最有力的支持。感谢一路信任和支持我的朋友们！

附录

○ Peter 老师：每一个向上生长、向内扎根的人，都值得被尊敬

2021 年国庆节期间，我记得是 10 月 5 日，在那个特别的日子里，我发了第一条个人故事短片，还重新迭代了自己的个人品牌故事。

我把这篇文章，还放在了《长期主义》那本书的自序里了，今天我再次梳理一下，稍做改动，把它重新发出来。

时隔三年多，又一次拿起笔记录自己的故事，我想在这个特别的日子，留下点什么。

2018 年 4 月 4 日，因开通新的公众号，我写下了第一篇文章《每一个向上生长、向内扎根的人，都值得被尊敬》。如今重新再读这篇文章，顿感时光飞逝。

这三年多的时间，发生了不少的事情，我也对品牌和事业有了新的理解，并且感觉自己成长了不少。又恰逢这个特殊的日子，我势必要迭代新的版本，介绍下那个崭新、光明、精进、不一样的自己。

01 我是谁？

我是 Peter，中文名：陆林叶，男，祖籍江苏南通，现定居上海。

打造个人品牌：从方法到实操

2009 年 9 月，就读于南京东南大学成贤学院，读的是土木建筑工程专业。大学期间，做过数学老师和英语老师，做过销售，卖过烤鸭，干过电话销售，还在工地搬过几个月的砖。

大学前两年，受英语启蒙老师的影响，想要去新东方做英语老师。为了实现这个目标，每天投入 4 小时学习英语，为期 2 年，参加过众多校内外英语演讲比赛，拿过不少奖项。

2013 年 6 月，大学毕业，因为家庭的缘故，放弃投身英语行业的机会，到云南昆明做了工程造价员的工作，一干就是半年。

工地看书还要被人嘲笑，他们觉得在工地上干活读书是没有用的；晚上在线上教别人演讲，被同事视为异类，他们在工地多年从未见过有这等事。

经过长达几个月的考虑，我在纸上勾画了未来的方向：教育培训。

虽然父母多次反对，但因为下定了决心，我还是毅然决然辞去老本行，来到了上海，干起了一线电话销售，推广企业培训相关的课程。

也就是这一个决定，让我跟上海这座城市结下了不解之缘，让我在这片土地上扎根、立足，并且开启了自己一生的事业。

现在一想，来上海快 8 年了，这里寄托着我的理想，也积淀着我的汗水和拼搏。

02 我的五次人生蜕变

人的改变，来源于机遇和渴望，也来源于深刻的反省。在蜕变的这条路上，我也是如此，每一次蜕变，都伴随着强烈的渴望，也伴随着深刻的反省，同时，伴随着一些机遇。

第一次蜕变：职业转型，从销售员转型为英语老师

2014年2月20日，我辞掉了第一份造价员的工作，带着憧憬和希望来到上海，虽前途未卜，但依然试图寻找机会。

基于对教育行业的热爱，我首先面试的是几家教育培训公司，想面试讲师，但能力确实不够。迫于无奈，只能从基层销售干起。

2000块的底薪，新的职业机会，但对我来讲，是巨大的心理落差。

在学校时，我的成绩名列前茅，大一就拿国家级奖学金，大二就开始拿各种比赛的奖，可谓风光无限。

但走上社会，因为没有一技之长，我在谋生这条路上死死挣扎，生活索然无味，又看不到任何希望。

2014年7月17日，我被安排到南京做课程服务，一堂"儒商之道"的课程，改变了我对这个世界的认知。就是那一次，我开启了通过写作认识自我、反省自我的道路。

回去之后，我立马做出改变，第一个决定就是把正在做的销售辞了，第二个决定是要做英语老师。

人一旦下定决心，就能把事情办成。

经过2个月的英语学习和苦练，又通过朋友推荐，我进了一家在线英语教育机构，教授雅思口语。

记得当时，为了获得这份工作，我在国庆节的7天长假中，苦练英文讲课能力，准备试讲，每天练习十几个小时，把英文稿子背得滚瓜烂熟。

这让我从底薪 2000 元一下子跳跃到底薪 8000 元，再加上绩效，每个月能拿到 10000 元左右。

这是一次大的蜕变，对我来说，是一次大的机遇，也是一个重要的转折点，让我有了一技之长，也重新燃起了对工作和未来的信心。

第二次蜕变：遇见良师，深入学习传统文化

2015 年 12 月 28 日，是一个值得记忆的日子，我认识了一位教授传统文化的老师。这次结识让我铁了心要跟他深入学习和践行。

当时，我正处于人生的一个重要阶段，在找寻生意和生命之间的关系。

这位老师在公益上深入的践行，让我的内心被深深触动，有好几次感动到潸然泪下，那时我认为人活在这世间，本该如此。不仅要解决自己的生存和发展，更应该修行自我，到了一定阶段，要向社会回馈，这样的人生才是圆满的。

因为下定了决心跟随老师，所以我直接搬到老师那边，跟他一起住，一起生活，近身学习。

刚开始的 5 个月，我感觉甚是痛苦，原因就是我本以为要干大事，去了之后才发现干的都是小事，诸如做饭、打扫院子、拖地、浇花、接待客人等，这些都是生活中的家务事，是我之前完全没有预料到的，让我产生了大材小用的感觉。

但 5 个月之后，奇迹发生了，我明显感受到了自己的变化。从一开始的痛苦、抗拒，慢慢地变得接纳、释然。加上

每天会有的内观、静坐的功课，我整个人发生了彻头彻尾的改变。

这一次蜕变，是心性上的蜕变，稳定、扎实、平静、厚实，我的内心更加笃定和成熟，看起来更有定性和内涵。

学习传统文化，赋予我力量和内心底层的改变，让我打下了较好的修行和人格基础，这对我后期搭建平台，开展事业奠定了根基。

第三次蜕变：忍痛割舍，全面聚焦写作领域

2017年9月，我从英语教育领域全面撤了出来。从2014年10月算起，我在这个行业奋斗了整整三年，因为热爱进入，又因为行业太商业化和面临发展局限而离开。

总而言之，我没有从中找到事业的使命感。

脱离英语教育行业，我一时有些不知所措。因为2017年跟轻课的合作，我经营了一个拥有近7万名粉丝的微信公众号，这让我积累了第一批用户，做了一个拥有上万名订阅用户的付费专栏。

这一波用户，让我有了扎根自媒体的底气。

2018年刚开始，我就开启了三个细分领域的培训：时间管理、新媒体写作和个人品牌。

因为都擅长一些，所以都可以开课来讲，后来我发现正由于什么都想做，结果最后什么也没有做好。

2018年10月，回顾自己将近一年的收获时，我却发现自己并没有特别的里程碑事件。除了多了一些渠道的收入，我竟找不到十分闪亮的成绩。

失落、焦虑、痛苦，不禁油然而生，我想是不是自己做错了什么，是不是下错了功夫。2个月的自我深入反省和刨根问底，终于在2018年12月20日那晚爆发。

猫叔的那场年度分享，一下子就击中了我的要害。一连几个为什么问下来，我的眼泪夺眶而出，内心久久不能平静。那一夜，我彻夜未眠，晚上23：30从床上爬起来，2个小时的分享，听完已经凌晨1：30了，我竟然一点睡意也没有。

我回顾过往一年，内心一遍又一遍叩问自己：我是不是做错了什么，是不是哪里还不够好，是不是没有活出自己的生命版本？

当晚凌晨2点，我趴在桌子上，写下了5000字的长文：《彻夜反思：我与剽悍一只猫的差距，就在这10点》。写完后，我手脚冰凉，额头上还不断冒虚汗，但内心酣畅淋漓。

就是这一次痛彻心扉的反省，让我的生命一下子觉醒了，找到了改变的方向。

反省的过程可谓极其痛苦，但觉醒后的状态却十分令人喜悦，我想，这就是自我修行。我下定决心，忍痛割舍，全面聚焦写作领域。

2019年一整年，我都在打磨整个写作产品体系，从基础写作到新媒体写作，从新媒体写作到写作变现，从线上再到线下。

在别人眼里，我走得很慢，但我觉得这是用心沉淀的一年，那种慢就是快。

这一年，对我来说，不仅是产品的革新，也是思想的迭代，更是生命的创新。

第四次蜕变：搭建平台，共创写作三六五平台

2019年6月，我开始搭建写作三六五平台，那时虽然叫写作平台，但其实就是一个系统，跟平台完全搭不上边。

2020年春节，我写完《终身写作》这本书之后，重新定位我们的写作平台，思考平台的核心价值和未来走向。

原来我认为平台是我的平台，不是大家的平台，所以做得很吃力，推进得很艰难。

当我回想香海禅寺的经营理念时，开始重新理解平台的意义：把平台做成大家的平台，把平台做成大家的机会。

春节过后，我就开始搭建线上合伙人体系和写作三六五平台人才体系。

我们花了很多的时间和精力培养人才，完善平台的底层人才架构，每一次活动，都会孵化出来一批优质人才。

正是因为如此，我们平台在2020年取得了实质性的突破，一年时间服务了近万名付费学员，做了近20期的训练营，也在真正意义上把平台推起来了。

这使得后来有了一系列的线下活动，诸如，线下文案成交大课，平台线下俱乐部落地，线下一对一咨询指导等。在搭建平台的过程中，我认识到了：

一个优秀的领导者，必须拥有眼光和胸怀，还要是一个超级伯乐，永远欣赏别人，给别人提供舞台和机会。

做平台2年多的时间里，我越来越感觉到做组织的价值和意义，这是从个人影响力到组织影响力的重要转变。

一个人无论如何努力，也赶不上时代的步伐。只有组织起数十人、数百人、数千人一同奋斗，站在这上面，才摸得着时代的脚。

第五次蜕变：深度服务学员，打造成功案例

2020 年 7 月，我开始推进一个高端咨询产品的落地，就是《皮特私董会》，现在已经做到 3.0 了，目前正在招募第 4 期。

当时，我意识到了两点：第一，要做一个高端产品；第二，要做一些更强的成功案例出来。

基于这两点，平台拓展出了"私董会"这个咨询产品，也正是因为这个产品，才确定了平台 2021—2022 年的战略方针：深度服务学员，打造超级案例。

2020 年，我在做模式的过程中，大部分都是做推广，忽略了对一些重点学员的深度指导，这也是我做升级很重要的原因。

在这个战略路线的指导下，我在 2021 年只做了三件重要的事，来落实这个路线，也就是：线下一对一深度咨询指导，线下文案商业大课，私董会线下密训。

通过这三件事情，我们平台打造出了不少成功案例，帮助近百位学员从 0 到 1 打造个人品牌，构建个人商业系统，一年整体商业变现 4 到 6 位数。

截至目前，我们在线下已经开设了 5 期"皮特文案商业系统"大课、3 次私董会密训和 50 多次线下一对一深度咨询指导。

之前"私董会3.0"开营时，我还谈到未来"私董会"这个产品，我们要做到极高的价格，"私董会4.0"定价10万元/人，到"私董会6.0"我们就要做到20万元/人。

我现在大部分的时间，都在服务和指导私董会成员，对进来的每一个人，我们整个团队都在用心服务。

我们需要带领学员突破一个又一个卡点，助力他们在个人品牌轻创业上获得更好的结果。

有时候，我充当的不是老师的角色，而是学员的战友，跟他们一起把打造个人品牌这场仗打赢。

从写作训练营，到线下文案商业大课，再到私董会，我们就是在带领学员不断升级他们的财富和影响力，向生命更高处进军！

03 我未来的平台事业规划

2014年元旦，我坐上了前往云南丽江的火车，在泸沽湖游玩了4天之后感触颇多，但当下笔写感悟时，我却怎么也写不出来。绞尽脑汁写了几百字，却又极其不满意，一气之下我撕下那页纸丢进了垃圾桶，同时暗下决心，一定要练好自己的文笔。

既然下定了决心，就勇敢开始，既然已经开始，就永远也不要放弃。从2014年7月，到2021年10月，我坚持写作已经超过7年，输出字数超过500万字。

从2016年4月1日开始，我坚持每天早起写心语，直到今天，已整整近6年时间，一天也未落下。

从 2018 年初，我决定要下别人下不了的笨功夫，又每天坚持输出 2000～3000 字，持续了整整 3 年时间。

截至目前，我写出了 6 部书稿，还出版了两本畅销书：《终身写作》与《长期主义》。

其中，《终身写作》曾经在 2 天内卖出了 3000 本，受到多个重要平台推荐，目前销售还在稳定增长。

我从大学开始，就把自己定位成一个创业者，骨子里仿佛一直流淌着创业者的鲜血。虽然在这条路上遇到一些艰辛和坎坷，但就是这些困难让我不断磨炼心智和锻造人格。

2015 年 10 月，我在苏州写下了 30 岁前要达成的 20 个目标。那一刻，我就给自己下定了决心，未来要走创业这条路。

时隔 6 年多，我在上海开设了新公司，准备扎根上海，真正意义上成为了一个创业者。

在创业这条路上，我更加笃定和自信，也更能看清未来要走的道路。

虽然也时常遇到一些挑战，但挑战反而让我认清现实，认清自我；虽然也时常遇到一些麻烦，但麻烦反而让我放慢脚步，认真决断；虽然也时常遇到一些抱怨，但抱怨反而让我强大内心，锤炼心智。

20 岁时，我想得更多的是学习，通过学习改变命运轨迹；25 岁时，我想得更多的是谋生，先谋生存后求发展；30 岁后，我想得更多的是发展，稳定中求发展，发展中求稳定。

2021 年初，我们平台做了定位升级：终身写作，终身修行。同时，也做了 5 年乃至 20 年的愿景规划。

我相信写作成就了我，它也必然可以成就你；我相信好的内容给我力量，它也可以给你力量；我相信自我修行塑造了我，它也必然可以塑造你。

如今，我通过打造个人品牌，助力更多人打造价值百万乃至千万的个人品牌，成为所在细分领域的头部专家。

我计划每年都要写一本书，相信通过身体力行、始终如一，定能生发在写作领域持续的影响力。

我有一个愿望，就是：不断升级自己的思维体系和个人品牌商业体系，带领更多人打造价值百万的个人品牌，助力更多人开启轻创业之路。

希望我的故事能给你启发，也希望你和我一起成为终身写作践行者，以及个人品牌深度践行者，打造出价值百万、千万的个人品牌。